Lean Production – Grundlagen

Das Prinzip der schlanken Produktion verstehen und in der Praxis anwenden.

Schlank zur Wertschöpfung!

Maximilian Tündermann

Inhaltsverzeichnis

1. Einführung

Lean wird heute in vielen verschiedenen Branchen angewendet und ist nicht auf eine bestimmte Größe eines Unternehmens beschränkt. Eine **Umfrage des Management-Cycle** hat ergeben, "[...] dass Lean tatsächlich übergreifend angewendet wird. **69,2 %** der Teilnehmer stammen aus **großen Unternehmen**, d. h. die Mitarbeiterzahl liegt bei über 500 Angestellten. **Kleine Firmen** machten die zweitgrößte Kategorie der Befragten aus – **18 %** der Beantwortungen waren dieser Unternehmensgröße zuzuordnen. **12,8 %** der Umfrageteilnehmer lagen **im mittleren Bereich**."[1]

Am besten wird Lean von oben eingeführt. 77,5 % der Umfrageteilnehmer gaben an, dass es sinnvoll ist, die Philosophie im Top-Down-Verfahren zu etablieren. Immerhin 17 % der Befragten sehen durchaus auch die Möglichkeit, zunächst auf der untersten Produktionsebene anzusetzen. Gerade in großen Unternehmen wird eine Umstellung, z. B. wenn einzelne Produktionslinien optimiert werden sollen, oft in Teilschritten vollzogen.

---

[1] Blum, C. (2016): Jetzt mitreden – Der Management Circle Lean Report ist da! URL: https://www.management-circle.de/blog/jetzt-mitreden-der-management-circle-lean-report-ist-da/ [Stand: 25-07-2019]

Und Lean ist auch nicht, dass etwas kurz eingeführt wird und dann sofort läuft. "Das große Potenzial steckt offenbar in der langfristigen Ausrichtung der Methoden. 90 % der befragten Personen beschäftigen sich seit 3 Jahren und mehr mit Lean, nur je 5 % der Umfrageteilnehmer stehen im fortgeschrittenen Stadium oder haben gerade angefangen, sich mit Lean zu beschäftigen", heißt es in der Studie.

Lean wird meistens im Zusammenhang mit der Produktion von Gütern genannt. Da liegen die Wurzeln von Lean, dort kann Lean am besten umgesetzt werden und ist deshalb auch am meisten verbreitet. Es kann aber auch innerhalb von Verwaltungsprozessen eingesetzt werden. Am besten eignet es sich bei klassischen Prozessen, die mit Formularen und Genehmigungen gesteuert werden.

Ein Beispiel ist die Zahlung von Gehältern. Es gibt immer noch Firmen, in denen zum Beispiel die Auszahlung von einem Abteilungsleiter genehmigt und unterschrieben werden muss. Das Gleiche gilt für Bestellungen von Büromaterial oder Urlaubsanträge. Wann immer ein Antrag auf dem Schreibtisch des Abteilungsleiters landet, kann man davon ausgehen, dass hier kein gradliniger Prozess im Gange ist, sondern auf dem Schreibtisch mehrere Prozesse miteinander kollidieren. Hier kann es zu erheblichen Einsparungen kommen. Eine Studie vom MIT hat herausgefunden, dass man bei Gehältern eine Einsparung von 50 Prozent haben kann, wenn man die einzelnen Schritte daraufhin untersucht, ob sie einen Wert haben. Man konnte aus 15 verschiedenen Formularen alle Daten auf einem Formular unterbringen. Auch bei Einstellungen und Bewerbungsgesprächen funktionieren schlanke Ansätze. Hier kann man Bewerber schneller einladen, Papier einsparen und schnellere Entscheidungen treffen.[2]

Wie sehr sich Lean von anderen Ansätzen unterscheidet, zeigt die folgende Tabelle:

Fokus	Handarbeit	Massenfertigung	Lean Produktion
Augenmerk	Aufgabe	Produkt	Kunde
Tagesarbeit	Einzelstücke	Los und Schleifen	Fluss und Pull
Ziel	Beste Meisterstücke	Niedrige Kosten und Effizienz	Verschwendung reduzieren und Wert schaffen

---

[2] Nightingale, D. (2005): Fundamentals of Lean – Integrating the Lean Enterprise, Massachusetts Institute of Technology, MIT Kurs-Nummer: ESD.61J / 16.852J, S. 4

Qualitätsgarantie	Integriert	Inspektionen	Vorbeugung
Geschäftsstrategie	Individuelle Produkte	Skaliert und automatisiert	Flexibel und anpassungsfähig
Verbesserungen	Orientierung an den besten Meistern	Ratschläge von Experten	Ideen kommen aus dem Betrieb heraus

Tabelle 1: Unterschiede zwischen Lean und anderen Ansätzen[3]

Lean als Produktionsmethode ist ein ganzheitlicher Ansatz. Es umfasst alle Bereiche Deines Unternehmens, vom Management bis zu den einzelnen Maschinen. Deine Kultur muss sich ändern, wenn Du Lean einführen willst, und Du wirst auch einen anderen Führungsstil haben müssen. Gerade für das Management ist Lean eine große Umstellung, weil man keine Anordnungen mehr gibt, sondern zuhören muss.

---

[3] Eigene Darstellung in Anlehnung an Nightingale, D. (2005): Fundamentals of Lean – Integrating the Lean Enterprise, Massachusetts Institute of Technology, MIT Kurs-Nummer: ESD.61J / 16.852J, S. 28

Dass Lean und Just in time nicht immer die beste Lösung sind, zeigt sich beim Autohersteller Tesla. Hier hat man derzeit mit Ersatzteillieferungen zu kämpfen. Während in der Produktion die Nachfrage in großen Stückzahlen erfolgt und zu einem gewissen Maß planbar ist, sieht das bei Ersatzteilen anders aus. Hier wird kein ganzes Auto bestellt, das in einer der Fabriken gebaut wird, sondern zum Beispiel ein Außenspiegel, der in München gebraucht wird. Diese Nachfragen können aber nicht direkt über die Produktion befriedigt werden – es würde keinen Sinn machen, jedes Mal einen Außenspiegel zu produzieren, wenn eine Bestellung eingeht.

Du wirst im Laufe dieses Buches sehen, dass Lean in einer maschinellen Produktionsumgebung wesentlich komplizierter ist, als wenn es zur Produktion von Software eingesetzt wird.

2. Herkunft und Evolution des Lean Konzepts

Erste Überlegungen, die Produktion von Gütern in Prozessen zu organisieren, hat es bereits in Venedig in den 1450er Jahren gegeben. Produktion als ein stetiger Ablauf von Prozessen ist aber erst von Henry Ford eingeführt worden. Ab dem Jahr 1913 begann er Bauteile des Autos mit einem Fließband zu verbinden und so einen gleichmäßigen Arbeitsfluss zu schaffen, der aus einzelnen Unterprozessen bestand. Noch heute ist Ford für das Fließband bekannt, dabei gingen seine Ideen viel weiter.

Ford stellte die Fertigungsschritte, wo immer möglich, in Prozessreihenfolgen zusammen. Er setzte Spezialmaschinen ein und Go/No-go-Weichen, um die im Fahrzeug befindlichen Komponenten innerhalb weniger Minuten zu fertigen, zu montieren und dann die passenden Komponenten direkt an die Arbeitsstrecke zu liefern. Dies war eine revolutionäre Abkehr von der Praxis des bisherigen amerikanischen Systems, das aus nach Prozessen gruppierten Universalmaschinen bestand, die

Teile herstellten, welche erst nach einigem Anpassen in die Produktionsstraße kamen.[4]

Das Problem mit Fords System war nicht der Fluss: Er konnte alle paar Tage die Lagerbestände des gesamten Unternehmens abrufen. Vielmehr war es seine Unfähigkeit, für Abwechslung zu sorgen. Das Model T war nicht nur auf eine Farbe beschränkt. Es war auch auf eine Spezifikation beschränkt, sodass alle Chassis des Modells T bis zum Produktionsende 1926 im Wesentlichen identisch waren. Kunden hatten die Wahl zwischen vier oder fünf Karosserietypen. Jede Maschine der Ford Motor Company hat nur ein Teil hergestellt und die Maschinen konnten nicht einfach umgestellt werden.

Die Autoindustrie adaptierte das Fließbandsystem schnell und versuchte auch das Problem von Ford zu lösen, mehrere verschiedene Modelle zu produzieren. Man baute immer größere Maschinenstrecken, die immer schneller Teile produzierten. Das sparte Kosten, aber die Zeit, die man für das gesamte Auto brauchte, wurde immer länger. Außerdem begannen sich die Lagerhäuser mit Teilen zu füllen, weil man sich eines komplizierten Vorschau- und Managementsystems bediente. Dieses

---

[4] International Labour Organization (2017): Lean Manufacturing Techniques For Textile Industry For Ready Made Garments Industry, S. 10

berechnete den Bedarf basierend auf vergangenen Daten und einem Wunschdenken, nicht aber an den Bedürfnissen der Gegenwart.

Die Japaner Kiichiro Toyoda und Taiichi Ohno hatten sich bereits in den 1930er Jahren mit der Prozesssteuerung in der Autoproduktion beschäftigt. Nach dem Zweiten Weltkrieg begannen sie, den Fokus von den Maschinen, die eingesetzt werden, auf den Produktionsfluss zu lenken. Das mündete schließlich in das Toyota Production System (TPS), das die Grundlage für alle Lean-Ansätze lieferte.

Fords Idee war zwar neu gewesen und mit dem Fließband war er auf dem richtigen Weg gewesen, es gab aber fundamentale **Schwächen**:

- Produktion und Fertigung von Teilen dauerte zu lange.

- Man konnte nicht auf Kundenwünsche eingehen.

- Das Lager wurde voll.

- Die Qualität sank.

- Es gab immer mehr Aktivitäten, die keine Wertschöpfung hatten.

- Man schuf eine immer größer werdende Bürokratie mit vielen Hierarchieebenen.

- Kosten stiegen und mehr Kapital wurde benötigt.

- Die Mitarbeiter waren kaum ausgebildet und konnten nur einfache Arbeitsschritte vollziehen.

Der **Toyota-Ansatz** dagegen war:

- Maschinen verwenden, die verschiedene Teile produzieren können.

- Sie können viele Teile in kleinen Stückzahlen fertigen.

- Qualitätssicherung auf allen Ebenen.

- Maschinen sind in Prozesse eingebunden und organisiert.

- Prozessschritte sind miteinander verzahnt und "kommunizieren" ihren Fortschritt und Bedarf.

- Kosten sparen, aber Qualität sichern und schnelle Produktionsdurchläufe haben.

Während das Ford-System einen Push-Ansatz hatte (man bestimmte, was produziert wurde, im Management und pushte das durch das System), führten die Japaner einen Pull-Ansatz. Die Arbeit (und Teile) wurden sich dem aktuellen und tatsächlichen Bedarf entsprechend "geholt". Der Ingenieur Taiichi Ohno perfektionierte das TPS, indem er auch noch die Vermeidung von Verschwendung und Abfall (Waste) hinzufügte. Verschwendung war für ihn alles, was keine Werte (Value) schuf.

Sein System fußte auf **zwei Säulen**: Die **Just in time-Produktion** und die **ständige Qualitätsüberwachung**. Das Zusammenspiel dieser beiden Bereiche machte die japanische Autoindustrie sehr schnell überaus effizient, brachte aber auch Qualität hervor. Das dehnte sich auch bald auf andere Industrien aus, zum Beispiel die Uhrenbranche und die Elektronikindustrie. Da man wegen der knappen Rohstoffe nach dem Krieg ohnehin bereits auf Qualität und Verschwendung geachtet hatte, gelang die Einführung des Lean Productions Systems (LPS) in vielen japanischen Firmen recht reibungslos.

3. Der Kern der schlanken Produktion

Ein Fehler, der oft gemacht wird, ist Lean einführen zu wollen, ohne zu wissen, was genau man ändern will. Lean Production ist keine Software, die man einfach auf einen Server spielt und die am nächsten Tag allen zur Verfügung steht. Stattdessen braucht es einige Vorüberlegungen und Definitionen innerhalb eines Unternehmens und einer Organisation.

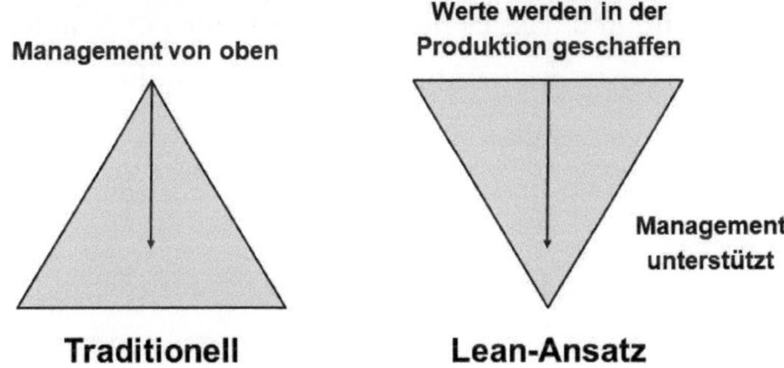

Abbildung 1: Unterschiede zwischen traditionellen Ansätzen und dem Lean-Ansatz

Was sind Werte und Nutzen?

Um zu wissen, wie Du die Wertschöpfung optimieren kannst, musst Du erst einmal nachschauen, was Werte und Nutzen in Deinem Unternehmen sind. Das englische Wort Value hat im Deutschen zwei Bedeutungen: Aus Sicht des Unternehmens sind die Werte die Leistungen und Produkte, die erbracht werden, und aus Sicht des Kunden ist es der Nutzen, den ihm diese bringen. Beides verschwimmt in Lean zu einem gemeinsamen Ansatz.

In der schlanken Produktion wird der Wert eines Produktes allein dadurch bestimmt, was ein Kunde dafür bezahlen will, und dass es die Anforderungen des Kunden innerhalb eines bestimmten Zeitfensters zu einem festgelegten Preis erfüllt.

4. Der Wertschöpfungsstrom

Im Wertschöpfungsstrom musst Du die Aktivitäten in Deinen Prozessen beobachten und danach trennen, welche davon Werte schaffen und welche keine Werte schaffen.

Wertschaffende Aktivitäten sind alle, die das Produkt so verbessern und verändern, dass es den Nutzen für den Kunden erfüllt oder sogar verbessert.

Nicht-Wertschaffende Aktivitäten sind solche, die dem Kunden keinen direkten Nutzen bringen, die aber dennoch vorhanden sind. Sie machen Produkte meistens teurer und weniger gut.

Ein paar Beispiele:

- Reparaturen von defekten Produkten machen das Produkt zwar besser, sie sind aber auch ein Zeichen, dass man vorher Fehler gemacht hat. Deswegen bringen sie keinen Wert in den Prozess.

- Du stellst in der Produktionskette fest, dass Du aus bestehenden Materialien und Werkzeugen auch ein neues Produkt schaffen kannst. Das schafft Wert, weil es keine zusätzlichen Ressourcen braucht.

- Deine Maschinen laufen so gut, dass Du mehr produzieren kannst als gedacht, und das bei gleicher Qualität. Ist aber die Nachfrage nicht gestiegen, wirst Du zu viel produzieren und das Lager füllen und damit schaffst Du keinen Wert, sondern verschwendest Ressourcen.

- Du hast Ideen für neue Funktionen in einem Produkt, zum Beispiel ein GPS-Chip in einem Turnschuh. Das ist zwar technisch möglich, die meisten Kunden haben aber schon Fitnesstracker und wollen den Chip nicht. Du schaffst damit keinen Mehrwert.

Drei Regeln bestimmen den **Mehrwert von Veränderungen**:

- Ein Produkt muss modifiziert sein.

- Es muss dem Kunden einen Mehrwert bieten.

- Du musst es gleich am Anfang richtig machen.

Wertschöpfung bedeutet in Lean immer, dass Du:

- Zeit sparen kannst

- Kosten sparen kannst

- Aufwand verringern kannst

- Qualität verbessern kannst

4.1 Verschwendung

Um Mehrwert zu schaffen und bessere Produkte mit hohem Nutzen für den Kunden bereitzustellen, muss in Lean die Verschwendung reduziert werden. Dies kann an vielen Stellen geschehen und anders als das Wort es vielleicht suggeriert, geht es dabei nicht um absichtliche oder nachlässige Verschwendung von Ressourcen oder Zeit. Vielmehr sollst Du prüfen, wo es unnötige Prozesse gibt. Und davon findet sich in jeder Firma etwas.

Es gibt **sieben Gründe** für Verschwendung:[5]

Ausschuss und Fehler

Produkte sind nicht gut designed, sie sind zu schnell in die Produktion gekommen und die Entwicklung der Prototypen war noch nicht abgeschlossen. Das führt zu fehlerhaften Produkten oder Komponenten, die vermieden werden müssen.

---

[5] Lean Production Expert: 7 Verschwendungsarten. URL: http://www.lean-production-expert.de/lean-production/7-verschwendungsarten.html [Stand: 22-07-2019]

Überproduktion

Selbst wenn die Maschinen es können, Überproduktion füllt die Lager mehr als nötig. Sie verschwendet aber auch Ressourcen an Lagerkapazität, Zeit, die die Lagerarbeiter brauchen, und schafft einen hohen bürokratischen Aufwand, um die Produkte zu verwalten.

Transport

Ob im Unternehmen selbst, bei der Auslieferung von Produkten oder gar bei der Anlieferung von Rohstoffen – die Wege, die zurückgelegt werden, sind nicht immer optimal und können Zeit und Geld kosten.

Wege

Zu viele Handgriffe kosten Zeit, und wenn Arbeiter zu weit von einer Maschine zur anderen laufen müssen, ist das ebenfalls Verschwendung. Du solltest auch vermeiden, dass man Werkzeuge oder andere Gegenstände lange suchen muss. Alles sollte an einem bestimmten Platz sein.

Wartezeiten

Diese sind besonders frustrierend, weil sie meistens durch Flaschenhälse oder Fehler in der Produktion hervorgerufen werden. Bei Prozessen kann es sein, dass Maschinen nicht aufeinander abgestimmt sind und eine schneller produziert, als die nachfolgende, und es so zu einem Stau kommt.

Inventar

Während das Lager nicht mit fertigen Produkten überfüllt sein soll, gilt es beim Inventar darauf zu achten, dass nicht zu viele Rohstoffe und Materialien eingekauft werden. Zu großes Inventar führt zu höheren Kosten für die Beschaffung und Lagerung. Bei bestimmten Gütern kann es auch bedeuten, dass die Qualität sinkt, wenn zum Beispiel ein Mindesthaltbarkeitsdatum abläuft.

Ver-Komplizierung

Man spricht auch vom Over-Engineering, wenn es zu viele und zu komplizierte Prozesse gibt, mit denen Güter produziert werden. Das kann auch Features betreffen, die nicht notwendig sind, aber auch Qualitätsüberprüfungen, die man eigentlich für dieses Produkt nicht braucht. (Ein Beispiel ist, zu prüfen, ob ein Bauteil im Inneren einer wasserdichten Uhr wasserdicht ist.)

4.2 Alles im Fluss

Damit in einer schlanken Produktion alles nach Plan abläuft, muss es fließen. Du kannst Dir das wie einen großen breiten Fluss vorstellen, der mit der immer gleichen, gemächlichen Geschwindigkeit fließt. Bei Lean kann es zwar auch mal etwas schneller werden, aber immer nur für alle angeschlossenen Prozesse. Zwei Faktoren bestimmen den Fluss: der Takt und die Vermeidung von Fehlern.

Takt

Der Takt gibt an, wie die einzelnen Prozessschritte zusammenarbeiten. Das Wort wird auch im Englischen verwendet, weil es aus der deutschen Musiksprache entlehnt wurde. Hier gibt der Dirigent den Takt an und alle Musiker müssen sich daran halten. Wenn die Geigen nach einem anderen Takt spielen als die Hörner, wird sich das schief anhören. In der Produktion führen Unterschiede im Rhythmus zu Verzögerungen und Flaschenhälsen.

Definiert wird der Takt als:

Verfügbare Arbeitszeit pro Schicht/vom Kunden nachgefragte Stückzahlen pro Schicht.

Ein Beispiel:

Es gibt zwei Schichten, je Schicht stehen 420 Minuten zur Verfügung. Gearbeitet wird an 5 Tagen. Also hast du 4.200 Minuten zur Verfügung. Kunden verlangen jeden Tag 3.400 Produkte, das sind nach 5 Arbeitstagen 17.000 Produkte. Teilst Du jetzt die Zeit (4.200) durch die Nachfrage (17.000), dann hast du 0.247 Minuten als Taktzeit.

Ein anderes Beispiel aus der Praxis:

"Bei der Methode des One-Piece-Flow handelt es sich um eine innovative Form der Fließfertigung. Sie wird häufig auch als 'mitarbeitergebundener Arbeitsfluss' bezeichnet. Diese Bezeichnung ist nicht falsch, bedarf jedoch einer Erläuterung: Prinzipiell liegt One-Piece-Flow auch dann vor, wenn ein Stück nach der Bearbeitung ohne Zwischenpuffer direkt an die nächste Station weitergegeben wird – ohne dass Mitarbeiter 'fließen'. Es gibt beispielsweise rein automatisierte Prozesse, wo dies der Fall ist. Mitarbeitergebundener Arbeitsfluss ist jedoch umgekehrt eine Form des One-Piece-Flow.

Zusätzlich vereinfacht eine solche Anordnung die Absprache der Mitarbeiter untereinander. Falls es doch zu Problemen kommen sollte, werden diese schnell weitergegeben. Durch diese durchgehende Optimierung lassen sich etliche Schwierigkeiten bei der herkömmlichen Montage umgehen.

Die Einführung der One-Piece-Flow-Methodik kann Folgendes bewirken:

- Senkung der Durchlaufzeit und des Umlaufbestands.

- Fläche reduziert sich oftmals im Vergleich zur Losgrößenfertigung um bis zu 75 %.

- Mitarbeiter fühlen sich mehr geschätzt und sind motivierter."[6]

---

[6] item Redaktion (2018): One-Piece-Flow – Beispiel aus der Praxis. URL: https://www.produktion.de/technik/one-piece-flow-beispiel-aus-der-praxis-106.html [Stand: 17-07-2019]

4.3 Just in time

Just in time (JIT) soll helfen, Unternehmensressourcen wie Kapital, Ausrüstung und Arbeitskräfte zu optimieren. Das Ziel von JIT ist die vollständige Eliminierung von Abfall und Verschwendung im Herstellungsprozess. Es basiert darauf, nur die erforderlichen Einheiten in den erforderlichen Mengen zum erforderlichen Zeitpunkt zu produzieren. Das geschieht, indem die Produktionsraten exakt auf die Marktnachfrage oder die Taktzeit abgestimmt werden. Durch die Verwendung kleinerer Prozessschritte werden Probleme wie Qualitätsmängel sofort sichtbar. Die Arbeiter müssen dann die Probleme sofort lösen und können erst dann die Produktion wieder aufnehmen. JIT bedeutet letztlich, mit einem Minimum an Produktionsstätten, Ausrüstung, Material und Personal zu erreichen, was der Markt will, und zwar dann, wann er es will.

Die Just in time Produktion hat einige **wesentliche Merkmale:**

Kontinuierlicher Fluss

In der schlanken Produktion versucht man, alle Störungen zu vermeiden. Flaschenhälse müssen abgeschafft werden, Unterbrechungen vermieden werden, es darf keine unnötigen Schleifen geben und schon gar nicht darf die Produktion rückwärtslaufen.

Pull-Produktion

Das Grundprinzip bei Lean bedeutet, dass die Nachfrage vom Markt kommt und von unten nach oben weitergegeben wird. Es ist das Herz von Just in time, weil dadurch nur so viele Ressourcen verwendet werden, wie auch tatsächlich benötigt werden.

Nivellierung der Produktion

Man will vermeiden, dass es zu Stoßzeiten kommt. Damit der Fluss beibehalten werden kann, müssen Stückzahlen in einem bestimmten Zeitraum auf einem ähnlichen Niveau gehalten werden.

Taktzeiten

Der Takt bestimmt, wie lange ein bestimmter Prozess dauert und wie er mit anderen Prozessen harmonisiert. Die Idealvorstellung ist dabei, dass die Produktion und der Verkauf getaktet sind, also nur so viel produziert wird, wie auch tatsächlich bestellt wird.

Die zweite Säule sichert die Qualität in allen Stufen der Produktion. Sie wird auch als "Quality at the source", **"Do it right the first time" oder Jodica** bezeichnet. Die Prinzipien sind:

Signalanzeigen und klare Zeichen

Eindeutigkeit in der Qualität ist wichtig. Diese kann mit Maßnahmen wie Lampen erreicht werden, die grün, gelb und rot leuchten. Maße werden mit Schablonen überprüft, die passen müssen. Wenn etwas nicht passt, muss geschaut werden, woran das liegt.

Visuelle Kontrollen

Ähnlich wie rote Lampen können auch Bildschirme Probleme für alle sichtbar machen. Außerdem kannst Du Schautafeln aufstellen, die die jeweiligen Standards darstellen.

Poka Yoke

Wenn es zu einem Fehler in der Produktion kommt, wird diese angehalten, und Deine Mitarbeiter suchen die Ursache für den Fehler. Ist diese gefunden, wird überlegt, wie der Fehler in Zukunft vermieden werden kann. Erst dann wird die Produktion wieder hochgefahren – idealerweise ohne den fehlerhaften Prozess.

4.4 Das Prinzip der Wertschöpfung und des Nutzens

Die Ausdrücke Value, Wert und Wertschöpfung und Wertstrom kommen immer wieder in Büchern und Ratgebern zur schlanken Produktion vor. Der Wertstrom ist ein wichtiger Aspekt von Lean und wird oftmals mit Kostenersparnis verwechselt. Solltest Du von Deinem Management die Anweisung bekommen haben, Lean zur Kosteneinsparung einzusetzen, wirst Du die Führungsebene korrigieren müssen. Das wird nicht funktionieren.

Werte und Wertstrom haben verschiedene Ausprägungen:

Wert definieren: Als Werte (Value) bezeichnet man die Produkte und Dienstleistungen, die vom Kunden nachgefragt werden.

Wertstrom identifizieren: Hier werden alle Aktionen, Abläufe und Prozesse in einer Produktion aufgezeichnet und geschaut, wo man optimieren und Verschwendung einsparen kann.

Wertstrom kontinuierlich fließen lassen: Wenn Verschwendung und Flaschenhälse beseitigt sind, dann sollte es einen gleichmäßigen Fluss in der Produktion geben.

Kunden fragen Werte nach: Die Nachfrage des Kunden bestimmt von der untersten Ebene aus die Produktion entsprechend den Just in time - Prinzipien.

Perfektion suchen: Auch wenn absolute Perfektion nicht möglich ist, versuche, Prozesse zu perfektionieren und Dich nicht mit dem Status quo zufriedenzugeben.

Unternehmen müssen besser als zuvor verstehen, was der Kunde will, wann und wo er es will, wie er es will und warum er es will. Zu lange ruhte man sich auf den Verkaufserfolgen aus und vergaß, die Kunden zu fragen und vor allem auch zu verstehen. Werden diese Fragen beantwortet, wird eine Firma vor der Aufgabe stehen, herauszufinden, wie sie genau diesen Nutzen liefern kann, nicht mehr und nicht weniger. Du wirst hier die größten Widerstände finden, wenn Du Lean einführen willst, denn es bedeutet in vielen Fällen, dass man selbstkritisch sein muss. Es geht nicht darum, wie viele Bewertungen Du, Dein Produkt oder Deine Dienstleistung haben, sondern darum, ob Du *wirklich* verstehst, was Deine Kunden wollen. Es gibt auch nicht den Punkt, an dem Du alles verstanden hast und weitermachen kannst wie bisher. Es ist ein andauernder, niemals endender Prozess, denn auch die Wünsche und Bedürfnisse der Kunden verändern sich.

Ein Beispiel von Porsche:

„Wie sich der Produktivitätsfortschritt konkret auswirkte, verdeutlicht Ex-Porsche-Chef Wendelin Wiedeking an einem Zahlenbeispiel: ‚Im Geschäftsjahr 1989/90 produzierte ein Mitarbeiter 4,9 Sportwagen. 1997/98 waren es 8,5 Fahrzeuge. Diese Zahlen sprechen für sich.' Darüber hinaus seien in den Krisenzeiten die Bereiche Karosserie, Lackierung, Motoren, Montage und Auftragsmontage in Cost-Center und die Abteilungen Einkauf, Qualitätskontrolle sowie Methoden und Planung in unterstützende Einheiten umgewandelt worden. Den Cost-Centern wurden dabei die klassischen, gesamtheitlichen Produktionsaufgaben zugewiesen. „Letztlich war es unser Ziel, Null-Fehler-Fahrzeuge zu produzieren", umreißt der Zuffenhausener Firmenchef das hochgesteckte Ziel."[7]

---

[7] VDI Verlag GmbH (1999): Bei Porsche regiert schlanke Produktion. URL:https://www.ingenieur.de/technik/fachbereiche/produktion/bei-porsche-regiert-schlanke-produktion/ [Stand: 28-07.2019]

5. Value Stream Mapping – die Wertschöpfungsfluss-Karte

Eine der besten Methoden, den Fluss darzustellen, ist das Value Stream Mapping (VSM). In der Produktion sind es die Güter, die fließen, in der Serviceindustrie sind es Kundenwünsche und Informationen, die fließen. Das Value Stream Mapping hilft dabei auf unterschiedliche Weise:

- Es zeigt Dir Verschwendung auf.

- Es stellt die Ursachen für Verschwendung dar.

- Es setzt Standards für die Beschreibung der Prozesse.

- Es zeigt, wie Entscheidungen getroffen werden.

- Es ist die Basis eines jeden Plans, mit dem Lean implementiert werden soll.

- Es zeigt, an welchen Stellen es noch Verbesserungsbedarf geben kann.

Das VSM besteht aus mehreren Elementen. Zum einen brauchst Du ein Schaubild, das den Wertstrom darstellt, vor allem für Informationen und Materialien. Außerdem wirst Du Daten benötigen, zum Beispiel den Product Throughput und die Cycle Times, zwei wichtige Kennzahlen für den Fluss. Dein Inventar wird Dir sagen, wie viele Ressourcen Du verbrauchst, und in welchen Bereichen Du zusätzlich Werte geschaffen hast. Und schließlich geht es auch um die Verschwendung und wo sie entsteht.

Die Identifikation des Wertstroms setzt voraus, die einzelnen Arbeitssegmente analytisch und im Detail zu untersuchen. Der Wertstrom stellt hierbei alle in der Produktion anfallenden Aktivitäten dar. Legt man nun den Fokus auf die wertschöpfenden Prozesse, so resultiert dies in einer reduzierten Verschwendung und somit letztlich auch zu einer Steigerung der Effizienz.[8]

---

[8] Schröder, A.: Mit Lean-Management zu mehr Effizienz in der Wertschöpfungskette. URL: https://www.zeit-blueten.com/news/lean-management/ [Stand: 07-07-2019]

5.1 Die Ist-Situation

Zuerst einmal wirst Du die Grenzen festlegen müssen, in denen Du Wert und Nutzen messen willst. Es macht wenig Sinn, dies für das ganze Unternehmen zu tun. Besser ist es, einen Prozess auszuwählen, der aus verschiedenen Unterprozessen besteht. Das kann zum Beispiel die Montage eines Produkts sein oder auch das Backen von Broten, vom Teig bis zur Verpackung.

Als Nächstes musst Du Dir überlegen, was überhaupt der Value sein soll. Dieser Wert (keine Zahl) wird vom Kunden bestimmt und ist eine Aktivität, für die der Kunde bereit ist zu zahlen. Zum Beispiel, die Produktion von Autoersatzteilen in höchster Qualität in einem bestimmten Zeitraum.

Der Value Stream kann zwar später zu einem gewissen Grad vom Schreibtisch aus beobachtet werden, aber bei der Entwicklung wirst Du Dein Büro verlassen müssen und Dich an den Ort des Geschehens begeben. Du wirst erst einmal anschauen müssen, wie bisher gearbeitet wird und dann gemeinsam mit den Mitarbeitern an den Maschinen überlegen, was man verbessern kann. Hierbei kommt es in der Produktion vor allem auf Handgriffe und Laufwege an. Schreibe alle Beobachtungen auf und erstelle Flussdiagramme des Prozesses. Sei Dir aber auch bewusst, wie die Montageplätze aussehen und wie viel Platz in der Produktionsstätte überhaupt vorhanden ist.

Im nächsten Schritt brauchst Du Daten.

Wie gut ist der Durchfluss jetzt?

Wie lange dauert es, bis ein Produkt die Fertigung verlassen hat.

Welche Ressourcen werden dafür gebraucht und welche Kosten entstehen dabei?

Wenn Du so einen Gesamtüberblick gewonnen hast, setze Dich wieder mit Deinen Mitarbeitern zusammen und überlege, wie man Verbesserungen umsetzen kann und welche Ideen es gibt.

Wo wird schnell und effizient produziert, wo gibt es Schwachpunkte und wie kann man das verbessern?

Wenn die Maßnahmen ausformuliert sind, geht es an die Umsetzung. Diese wird nicht immer einfach sein. Es kann zum Beispiel vorkommen, dass Du komplette Montageplätze umbauen musst. Es hat sich bei Lean gezeigt, dass die idealen Arbeitsplätze in einer U-Form angeordnet sind. Der Arbeiter steht dabei innerhalb des U und kann den gesamten Prozess verfolgen, indem er sich lediglich leicht drehen muss.

Es kann durchaus vorkommen, dass die ersten Ideen nicht oder nur schlecht umgesetzt werden können. Das ist Teil der Erfahrung, die Du machen musst, und Du wirst Dich dann wieder mit Deinen Mitarbeitern zusammensetzen und nachdenken, was geändert werden muss.

Ist der Prozess erfolgreich implementiert, musst Du ihn auf jeden Fall aufzeichnen. Denn Du hast einen neuen Standard geschaffen, der unabhängig vom Mitarbeiter ist. Schaubilder helfen neuen Mitarbeitern und Aushilfen, sich schnell an einem neuen Arbeitsplatz zurechtzufinden.

5.2 Welche Daten erheben?

Prozesse zu optimieren und Layouts aufzuzeichnen ist die Vorarbeit in der schlanken Produktion. Wenn Du aber diese Planung fertiggestellt hast und Lean implementierst, werden es Zahlen sein, die Dir Aufschluss darüber geben, ob die Umstellung eine Verbesserung gebracht hat. Diese Umstellung wird nicht in einer Woche erfolgen und auch nicht in einem Monat. Du wirst mit großer Sicherheit einige Prozesse umstellen und neu durchdenken müssen. Technischer Fortschritt wird Maschinen verändern und damit ebenfalls eine Neuausrichtung mit sich bringen. Damit Du diese Veränderungen aber messen kannst, brauchst Du einige Kennzahlen.

Lean hat sich langsam, aber sicher von einer recht einfachen Systematik zu einem komplexen Zahlengeflecht entwickelt. Fast wöchentlich werden neue Kennzahlen von Beratern vorgeschlagen. Du wirst anhand Deiner eigenen Prozesse und vor allem der Größe des Unternehmens entsprechend entscheiden müssen, welche Zahlen bedeutend sind. Einige Daten sind recht fundamental, um zum einen den jetzigen Prozess zu analysieren, zum anderen aber auch die Produktivität nach einer Umstellung auf Lean zu überprüfen.

Es gibt einige Bereiche, in denen Daten Dir recht schnell sagen können, ob alles läuft wie geplant. Wenn Du zum Beispiel ein neues Produkt auf den Markt bringen willst, kannst Du anhand der Value Stream Map sehen, ob und wie es am besten produziert werden kann – oder ob Du überhaupt in der Lage bist, mit den bestehenden Methoden neue, und vor allem in der Produktion andere Produkte so einfach auf den Markt zu bringen. Das Gleiche gilt für Veränderungen und Erweiterungen an bestehenden Produkten. Wenn Du Fahrräder produzierst und beschließt, sie jetzt auch mit einem Elektromotor auszustatten, dann reicht es nicht, einfach ans Ende der Produktionslinie noch eine Station mit Motoren zu setzen.

Ein weiterer Grund ist die Fehleranalyse, die mit Daten gemacht werden kann. Du wirst sehen, wo und wie viel Ausschuss produziert wird, und wie man diesen in Zukunft vermeiden kann. Auch Daten wie Design Cycle Time sind interessant, denn sie geben an, wie schnell eine Idee auch umgesetzt werden kann, und mit Time to Market siehst Du, wie rasch Du ein Produkt auf den Markt bringen kannst.

Die nachfolgenden Erläuterungen geben Dir einen Einblick in die wichtigsten und am häufigsten verwendeten Messzahlen in der schlanken Produktion. Sie erheben aber keinen Anspruch auf Vollständigkeit.

Process Cycle Time

Als Erstes wirst Du wissen wollen, wie lange ein Prozess eigentlich dauert, oder genauer gesagt, wie lange es dauert, bis ein Produkt den Prozess durchlaufen hat. Dieser Wert wird bestimmt, indem Du die wertschöpfenden und die nicht wertschöpfenden Zeiten addierst. Das Ergebnis ist dann die PCT.
Letztlich wirst Du hier alle Zeiten aufschreiben, die für den Prozess gebraucht werden, auch Stillstand und Verzögerungen.

Process Efficiency Cycle Time

Du willst natürlich nicht nur wissen, wie lange ein Prozess dauert, sondern vor allem, wie effizient dieser Prozess ist. Die Process Efficiency Cycle Time gibt Dir einen Einblick in die Performance des Prozesses.

Sie wird wie folgt berechnet:

Process Efficiency Cycle = Value Added Time /
Process Cycle Time

Unter der Value Added Time werden die Zeitaufwendungen verstanden, die wertschöpfend sind.

SMV (Standard Minute Value)

Der Standard Minute Value soll Dir sagen, wie lange es dauert, ein Produkt in bester Qualität zu produzieren. Er besteht aus der **reinen Produktionszeit plus eine Ruhephase und einen kleinen Korrekturwert**.[9] Letztere sind meistens um die 12 Prozent der Produktionszeit.

Dieser Wert ist recht wichtig, denn er kann Dir gleich bei mehreren Aufgaben helfen. Zunächst einmal ist er recht praktisch, wenn es darum geht, die Gesamtkapazität zu berechnen. Wenn Du weißt, wie lange Du für einen Turnschuh brauchst, dann kannst Du dies mit der Zahl der Arbeiter und der Gesamtzeit zusammenrechnen und weißt, welche Kapazität grundsätzlich vorhanden ist. Mit dem Wert kannst Du aber auch die Kosten berechnen. Die Zeit hat ja einen entsprechenden Wert, und dieser ist der reine Herstellungswert eines Produkts (was aber nicht sein Preis ist, da kommen noch andere Kosten hinzu).

---

[9] Shaikat, N. M. (2019): Standard Minute Value – SMV in Garments, Calculation, Importance .URL: http://ordnur.com/apparel/standard-minute-value-smv-garments-calculation-importance/ [Stand: 05-08-2019]

Weiterhin sind diese Daten auch für die mittelfristige Planung wichtig, vor allem wenn es um mehrere Produktlinien geht. Du wirst so sehen können, wie viele verschiedene Modelle gleichzeitig in die Produktion gehen können. Das kann auch Auswirkungen auf die langfristige Planung haben, wenn zum Beispiel ein neuer Kunde große Bestellungen aufgeben möchte.

Wenn Du den SMV einer Station mit denen anderer Stationen vergleichst, kannst Du auch Unterschiede sehen. Diese können bedeuten, dass eine Station nicht effektiv ist und eventuell umgeplant werden muss. Sie können aber auch einfach nur einen unterschiedlichen Prozess darstellen – manche Produkte brauchen einfach länger in der Montage oder Produktion.

Takt-Zeit

Taktzeit ist die Rate, mit der ein Produkt fertiggestellt wird, um die Kundennachfrage zu befriedigen. Wenn Du beispielsweise alle 4 Stunden eine neue Bestellung bekommst, muss Deine Produktion diese in maximal 4 Stunden fertigstellen, um die Nachfrage zu befriedigen.

Die Taktzeit kann leicht als Herzschlag des Arbeitsprozesses bezeichnet werden. Damit kannst Du vor allem Lagerbestände optimieren, aber auch sicherstellen, dass rechtzeitig ausgeliefert wird. Die Taktzeit gibt Dir auch an, ob Du überhaupt in der Lage bist, eine bestimmte Nachfrage zu produzieren und zu befriedigen.

Die Taktzeit wurde erstmals in den 1930er Jahren in Deutschland als Maß für die Flugzeugherstellung verwendet. Zwanzig Jahre später trug es maßgeblich zum Aufstieg von Toyota vom kleinen japanischen Autohersteller zum größten Automobilhersteller der Welt bei.[10]

Der Takt wird wie folgt berechnet:

Verfügbare Arbeitszeit pro Schicht / vom Kunden nachgefragte Stückzahlen pro Schicht.

Bei der Arbeitszeit geht es um Nettoarbeitszeit. Pausen und Unterbrechungen werden hierbei nicht berechnet. In der Regel wirst Du für die Berechnung Minuten verwenden.

Ein Beispiel: In Deinem Betrieb wird an fünf Tagen gearbeitet, und das in einer Schicht, die 9 Stunden dauert. Abgezogen werden die Pausen, sodass 8 Stunden übrigbleiben. Jede Woche müssen 15 Produkte fertiggestellt

---

[10] Kanbanize: What is Takt Time and How to Define It. URL: https://kanbanize.com/continuous-flow/takt-time/ [Stand: 03-08-2019]

und dem Kunden geliefert werden. Du hast pro Woche 2.880 Minuten zur Verfügung.

Taktzeit = 2.880 / 15 = 192 oder 3,2 Stunden.

Lead time and throughput time

Bei der Berechnung der Lead Time gibt es unterschiedliche Ansätze. Du kannst sie verstehen als die Zeit, die ein Produkt von der Bestellung bis zur Auslieferung braucht oder aber die Zeit mit einrechnen, die der Lieferant braucht, um die Rohstoffe zu liefern.

Beide Ansätze haben Vor- und Nachteile. Bei der Berechnung ab der Bestellung werden Lagerzeiten Außeracht gelassen, bei der Berechnung mit Einbindung des Lieferanten ist es schwierig, diese Zeiten einer Bestellung zuzuordnen.

Heute tendiert man dazu, die Zeitnahme dann zu starten, wenn man erfährt, dass ein Produkt produziert werden soll. Damit sind auch Planungszeiten eingeschlossen und Verwaltungsarbeit, um eine Bestellung zu koordinieren.

Es wird manchmal auch unterteilt in verschiedene Lead Times:[11]

- **Order Lead Time**: Die Zeit, die es braucht, um eine Bestellung aufzunehmen und auszuliefern.

- **Order Handling time:** Die Zeit, die es braucht, um eine Bestellung aufzunehmen und weiterzugeben.

- **Manufacturing Lead Time**: Zeit von der Bestellung bis zur Fertigstellung des Produkts.

- **Production Lead Time:** Zeit vom Start der Produktion bis das Produkt fertig zur Auslieferung ist.

- **Delivery Lead Time**: Zeit, die es braucht, bis ein fertiges Produkt ausgeliefert ist.

Der **Throughput** gibt an, wie viele Produkte in einer bestimmten Zeit (meistens einer Stunde) den Prozess durchlaufen können. Wenn die Cycle Time, also die Zeit, die für ein Produkt benötigt wird, 10 Minuten beträgt, dann liegt der Throughput bei 6. In diesem Beispiel ist die Zeit aber festgelegt. Du kannst aber auch die

---

[11] Joonas, R. (2012): Measuring and Defining Lead Time in a Telecommunication Production, University of Oulu

Throughput-Zeit berechnen, die dann angibt, wie lange es dauert, ein Produkt zu produzieren. Oftmals werden die Cycle-Time und die Throughput-Time gleichgesetzt, und tatsächlich haben sie auch die gleiche Bedeutung.

Der Durchfluss besteht aber nicht nur aus der reinen Maschinenarbeit. Nehmen wir an, Du musst bestimmte Metallteile ausstanzen. Für jedes Teil wird dann die Zeit gemessen, die Du brauchst, um das Rohteil zu entnehmen, in die Maschine einzulegen, zu stanzen, herauszunehmen, die Qualität zu überprüfen und es an den nächsten Schritt weiterzugeben oder in die Warteschlange zu legen.

Darüber hinaus gibt es noch weitere Messungen und Analysen, die Du vornehmen kannst, und die ein etwas detaillierteres Bild der Prozesse und der Produktion geben.
Es ist schon darauf hingewiesen worden, dass Du bei Lean versuchen solltest, etwas am Anfang gleich richtig zu machen. Je mehr Produkte die Qualitätsanforderungen erfüllen, umso effizienter ist Dein Prozess – und umso mehr kannst Du die Nachfrage des Kunden befriedigen.

First-time-through (FTT) quality

Mit dieser Zahl kannst Du messen, wie viele Produkte durch die Prozesse gehen, ohne dass es Ausschuss gibt, dass die Produktion angehalten werden muss, dass sie erneut getestet werden oder gar zurückgebracht oder repariert werden müssen. Du wirst damit nicht nur die Qualität insgesamt verbessern, sondern auch den Fluss in der Produktion, weil Du nicht nur aus den Fehlern lernen kannst, sondern auch davon, was besonders gut läuft. Je mehr Produkte fehlerfrei sind, umso weniger Rohstoffe brauchst Du, was Dein Lager verkleinern wird. Du kannst mit einer hohen FTT-Rate aber auch die Produktion verbessern und an die Planzeiten anpassen. Und natürlich wirst Du auch eine Menge Kosten sparen, wenn Du eine hohe FTT hast, weil Du Zeit und Geld, bisweilen sogar Personal sparst. In der Analyse des bestehenden Prozesses ist die Zahl sehr wichtig, um zu sehen, wie schlecht die Lage wirklich ist. Später wird sie ein Merkmal für den Erfolg der Umstellung auf Lean sein.

Und so wird sie berechnet:

FTT = Einheiten im Prozess - (Ausschuss + Wiederholungen + Reparaturen + Rückgaben) / Alle Einheiten im Prozess

Nehmen wir an, Du produzierst in einer Schicht (8 Stunden) 2.000 Toaster. 10 davon funktionieren nicht, bei 15 Toastern fehlt ein Teil und sie müssen noch mal zurückgegeben werden. Das bedeutet 2.000 - (10+15) / 2.000 = 0,9875

Du kannst auch die Daten von mehreren Produktionslinien zusammenrechnen und so eine FTT für die komplette Produktion erhalten.

Rolled Throughput Yield (RTY)

Der RTY-Wert ist ein theoretischer Wert. Er gibt die Wahrscheinlichkeit an, dass ein Prozess ohne einen Fehler beendet wird. Dabei spielt eine andere Kennzahl eine Rolle, die möglichen Fehlerquellen. Diese Fehlerquellen können einzelne Produkte sein, aber auch Prozessschritte und Teile. Während FTT Dir sagt, wie viele gute Produkte Du schaffen kannst, wird RTY Dir sagen können, wie gut die Qualität ist. Es geht jetzt nicht darum, wie viele Fehler im Prozess entstehen, sondern wie viele Fehler zum Beispiel ein bestimmtes Teil produziert. Dafür musst Du erst einmal wissen, wie viele Fehler pro Produkt entstehen, und dann wie viele Fehler pro gemessene Einheit.

Fehler pro Einheit = Zahl der Fehler pro Einheit / Gesamtzahl an Einheiten

Die Fehler pro Fehlerquellen-Einheit werden berechnet, indem Du die Fehler pro Fehlerquelle durch die möglichen Fehler teilst.

Das klingt sehr abstrakt, deswegen hier ein einfaches Beispiel:
Auf einer Platine gibt es 7 Teile mit 14 Lötstellen. Das bedeutet 21 mögliche Fehlerquellen.
Ein Geburtstagskuchen kann die falsche Beschriftung haben, bei der Lieferung beschädigt werden, es kann eine Zutat vergessen worden sein, oder er wird am falschen Tag geliefert.

Viele Unternehmen tun sich zurecht schwer, die möglichen Fehlerquellen zu benennen. Theoretisch gibt es unendlich viele Fehlerquellen. Konzentriere Dich auf diejenigen in der Produktion, die für das Produkt und den Kunden wichtig sind. Ein Erdbeben kann das Produkt zwar auch zerstören, hat aber mit der eigentlichen Produktion nichts zu tun.

Die Fehlerquellenzahlen sind aber auch gut, um zu sehen, wie komplex ein Produkt ist, und was das für Auswirkungen auf die Produktion haben kann. Zwar sagt einem das Bauchgefühl, dass mehr Teile auch mehr Fehler mit sich bringen, mit dieser Methode kannst Du aber dieses Risiko in Zahlen ausdrücken.[12]

Nehmen wir das Beispiel der Platine. Du hast gemessen, dass es zwei Fehler pro 10 Einheiten gibt. Die DPU (Defects per Unit) ist dann 2/10=0,2.

Jedes Teil hat 21 Fehlerquellen. Du nimmst nun die DPU-Zahl und teilst sie durch die möglichen Fehlerquellen. Das gibt Dir die Defects per Opportunity oder DPO.

0,2 / 21 = 0,00952380952381.

RTY ist 1-DPO, in unserem Fall 0,9904.

Die Zahl sagt Dir also letztlich aus, wie sich die tatsächlichen Fehler im Vergleich mit den produzierten Mengen und den möglichen Fehlerquellen verhalten. Je näher der RTY-Wert an 1 oder 100 % ist, umso besser stehst Du da.

---

[12] Minitab (2019): What is opportunities per Unit? URL: https://support.minitab.com/en-us/minitab/18/help-and-how-to/quality-and-process-improvement/capability-analysis/supporting-topics/capability-metrics/what-is-opportunities-per-unit/ [Stand: 31-07-2019]

On-Time Delivery (OTD)

Mit der On-Time-Delivery misst Du, wie gut Du die Vorgaben Deines Kunden erfüllst, wenn es um die rechtzeitige Lieferung der Produkte geht. OTD bezieht sich selten auf ein bestimmtes Datum; es bezieht sich normalerweise auf Zeiträume. In den meisten Unternehmen bezieht sich OTD auf eine Reihe von Daten, die als X Tage vor (früh) und Y Tage nach (spät) dem Fälligkeitsdatum definiert sind. Ein typisches OTD-Fenster ist: 5 Tage zu früh, 0 Tage zu spät (kann als -5 + 0 ausgedrückt werden). Wenn beispielsweise ein Produkt am 1. Juni fällig ist, wird es als pünktlich angesehen, wenn es an einem beliebigen Tag zwischen dem 27. Mai und dem 1. Juni beim Kunden eintrifft. Dieses Konzept eines OTD-Fensters ist heute in fast allen modernen ERP- / MRP-Systeme eingebettet.

Die beiden Hauptfaktoren, die das OTD-Fenster beeinflussen, sind die Anforderungen an die Produktionslinie und der Cashflow. Wenn eine bestimmte Lieferung hohe Transportkosten hat, solltest Du die Lieferung sehr nahe am Produktionsbedarfstermin halten. Bei OTD geht es nicht nur darum, dass die Produkte fertig zur Auslieferung sind, sondern auch darum, dass im Kostenrahmen gearbeitet wird. Du solltest Dir bei der Berechnung auch darüber klar sein, welche Parameter Du verwendest:

- Zählen nur Werktage als Tage oder alle Wochentage?

- Geht es um Auslieferung oder Ankunft beim Kunden?

- Geht es um Ankunft beim Kunden oder den Zeitpunkt, an dem die Lieferung auch angenommen und akzeptiert wird?

- Gibt es ein Datum, das versprochen wurde, oder eines, das verlangt wurde?

- Misst Du auch die Produkte, die früher als erwartet ausgeliefert werden?

- Verwendet Dein Kunde die gleichen Parameter zum Messen des OTD?

Ein Beispiel aus der Praxis:

Eine Firma hat sechs Produktionslinien. Eine der Linien braucht länger als erwartet. Insgesamt wurden im vergangenen Monat 1.250 Produkte ausgeliefert, allerdings nur 1.022 rechtzeitig.

Das bedeutet:

Produkte, die rechtzeitig geliefert wurden / alle ausgelieferten Produkte

1.022 / 1.250 = 0,8176 oder 81,76 %

5.3 Die Value Stream Karte erstellen

Um eine gute Value Stream Karte zu erstellen, wirst Du mehrere Komponenten brauchen, die darauf aufgezeichnet werden. Am besten gibst Du jeder Komponente ein klares und deutliches Symbol, zum Beispiel ein Metronom für die Taktzeiten oder ein Lagerhaus für das Inventar. Natürlich kannst Du auch Deine ganz eigenen Symbole verwenden.

Als Erstes wirst Du den Prozess in seinen einzelnen Schritten aufzeichnen. Zu diesen gehören sowohl die wertschöpfenden als auch die nicht wertschöpfenden Aktivitäten. Schreibe auf, welche Arbeitsplätze genutzt werden, und wie der Fluss des Produkts ist. Du wirst dabei versuchen müssen, ein Gleichgewicht zwischen zu vielen Details und einer zu groben Sicht zu bekommen. In vielen Fällen wird man den Value-Stream nach Produktfamilien zusammenstellen, zum Beispiel Herrenturnschuhe, die eine ähnliche Produktion durchlaufen.

Informationsfluss: Damit jedem klar ist, was wann geschieht, sollten alle Informationen, die für den Prozess notwendig sind, auch transparent in der Karte eingetragen sein. Dazu gehören zum Beispiel Bestellungen von

Kunden, Zeittafeln, Produktzeiträume, aber auch Karten von Systemen wie Kanban und Auslieferungszeiten.

Inventar: In der Value Stream Map wird eingetragen, wie viele Rohstoffe vorhanden sind und wie diese im Prozess verwendet werden. Das kannst Du gut in Zahlen ausdrücken.

Wichtigste Kennzahlen: Natürlich musst Du in der Karte auch die Kennzahlen eintragen, die den Lean Prozess erst in seinen wirtschaftlichen Auswirkungen darstellen. So wirst Du aufschreiben müssen, **wie lange die gesamte Produktion** dauert, und dabei hervorheben, wo es **Zusatznutzen** gibt und wo nicht. Gibt es lange Transportwege, dann wären diese ebenso interessant wie das Material, das in jeder Schicht verbraucht wird, wie viel Ausschuss bei einer Produktion entsteht, wie viel ein Mitarbeiter in einer Schicht produziert und was er maximal produzieren kann, wie lange es dauert, eine Maschine umzurüsten, welche Ausfallzeiten es gibt, wann Rohstoffe nachgeschoben werden müssen – alle Zahlen, die zur Wertschöpfung beitragen sind wichtig.

Eine der besonders aussagekräftigen Kennzahlen ist die **Lead time**: sie gibt an, wie lange es derzeit dauert, um das Produkt anzufertigen und an den Kunden auszuliefern. Diese Zeiten sortierst Du dann noch nach wert-schöpfend und nicht-wertschöpfend aus. Dann kannst Du bereits sehen, wo es noch Verbesserungen geben kann.

Taktzeiten geben an, in welchem Rhythmus gearbeitet wird. Sie werden vor allem durch die Nachfrage des Kunden bestimmt und die Zeit, die für die Produktion vorhanden ist (also Mitarbeiter mal Arbeitszeit). Alle Prozessschritte sollten im Idealfall nach dem gleichen Takt laufen, mit nur wenigen Abweichungen.

Wenn Dein Unternehmen mehrere Hundert verschiedene Produkte produziert, kann eine solche Karte schnell verwirren. Am besten ist es in diesem Fall, sich eine Produktfamilie herauszunehmen und dann von hinten anzufangen. In eine Produktfamilie fallen alle Produkte, die den gleichen Prozess durchlaufen. Praktisch ist es, wenn diese auch an einer Stelle, zum Beispiel in einer Fabrikhalle produziert werden. Beginne mit der Nachfrage und zeichne den Strom bis zum Inventar auf, aus dem die Rohstoffe entnommen werden.
Du kannst dann mehrere Karten anfertigen, wenn sich aber die Produktionsmethoden ähneln, kannst Du auch die gleiche Karte verwenden.

Schließlich solltest Du in die Karte noch eintragen, was genau die Erwartungen des Kunden sind, zum Beispiel Stückzahlen pro Woche, und welche Erwartungen er hat (nicht mehr als 1 Prozent Ausschuss). Dazu passen dann auch Termine, die von Kunden gesetzt werden. Auf der anderen Seite wirst Du auch Deine Lieferanten nicht vergessen dürfen: Wann können sie liefern und welche Mengen?

Zu den fundamentalen Daten im Prozess gehören:

- Wie gut ist die Qualität (meistens in Ausschussstückzahlen gemessen)?

- Wie sind die Cycle-Time und die Lead-Time?

- Wie viele Mitarbeiter stehen an den Fließbändern und Arbeitsstationen?

- Wie lange dauert ein Schichtwechsel?

- Wie lange dauert es eine Maschine umzurüsten?

- Stillstand- und Laufzeiten von Maschinen.

- Variation in den Prozessen (zum Beispiel nach Umrüstungen).

- Verpackung und Logistikdaten (wie viele Paletten pro Transporter).

- Alle anderen Kosten, die entstehen.

Es empfiehlt sich, dass Du vom Ist-Zustand Fotos machst und diese ebenfalls in die Karte einfügst, gerade bei den Arbeitsstationen und dem Lager. Das macht die Karte lebendiger und für viele auch begreifbarer.

5.4 Die Analyse

Grundüberlegungen

Wenn Du Deine Value Stream-Karte fertiggestellt hast, geht es daran, den aktuellen Stand damit zu analysieren.

Wichtige Fragen dabei sind:

- Wird an bestimmten Stellen langsamer produziert, als es der Takt eigentlich vorgeben sollte?

- Weichen bestimmte Stationen von Standards ab?

- Gibt es Probleme, fertige Produkte auszuliefern?

- Gibt es Schwierigkeiten bei den (oder mit den) Lieferanten?

- Gibt es zu viele Überstunden, oder wird insgesamt zu lange gearbeitet?

- Gibt es große Fluktuation beim Personal?

Informationsfluss

In einer digitalen Welt sind Informationen eines der wichtigsten Güter. Selbst wenn Deine Produkte selbst nicht digital sind, so entstehen bei ihrer Produktion Informationen, die ebenso gut fließen müssen wie der Wertstrom. An vorderster Stelle stehen dabei Informationen, die für den Kunden wichtig sind. Dieser möchte auf dem neuesten Stand gehalten werden und vor allem wissen, wann er seine Produkte bekommt. Stelle sicher, dass es eine ständige und vor allem aktuelle Kommunikation mit Deinen Kunden gibt. Wenn der zuständige Kundenbetreuer Urlaub hat, muss sichergestellt sein, dass jemand dessen Arbeit übernimmt. "Out of Office"-Antworten kannst Du heute nur noch einschalten, wenn in denen auch steht, wer in dieser Zeit der Ansprechpartner ist.

Du solltest aber auch nachsehen, ob Deine Kunden selbst regelmäßig mit Dir kommunizieren und es dabei keine Verzögerungen gibt. Für sie bist Du ein Lieferant, und manchmal werden diese in den Unternehmen etwas nachrangig behandelt, was Prioritäten betrifft. Versuche, den beständigen Fluss auch in diese Richtung zu gewährleisten.

In Deinem Unternehmen selbst ist der Informationsaustausch ebenso von großer Bedeutung. Auch hier sollte es einen klaren und beständigen Informationsfluss geben. Zu einem großen Teil wird das heute ohnehin schon durch E-Mail, WhatsApp-Gruppen und anderen digitalen Kommunikationskanälen gemacht. Wahrscheinlich wirst Du auch Software einsetzen, die ihre eigenen internen Chat- und Nachrichten-Portale hat. Es gilt dennoch aufzupassen, dass es keinen Informations-Overkill gibt, und Mitarbeiter ständig neue Nachrichten bekommen (was eine große Gefahr bei Systemen wie Slack ist). Es kann auch hilfreich sein, ein paar Regeln aufzustellen, wie man klare und präzise Informationen verteilt. Die beiden Begriffe beziehen sich dabei auf die Bereitstellung von Informationen an alle, die diese benötigen, und dass diese Informationen auch den benötigten Umfang haben.

Wenn Dein Kunde zum Beispiel die Nachfrage-Menge erhöht, dann kann das nicht nur an das Verkaufsteam gegeben werden, sondern muss gleichzeitig auch an die Produktion kommuniziert werden. Du wirst Dir deshalb bei der Value Stream Map auch Gedanken machen müssen, wer in diesem Strom wann informiert wird und welche Genehmigungsprozesse es gibt. Sollte die Nachfrage höher sein, wirst Du zum Beispiel erst einmal schauen müssen, ob man den Takt erhöhen kann. Hier brauchst

Du aber Rückmeldung von den Mitarbeitern: Schaffen die Maschinen das, und haben die Arbeiter die Kapazitäten? Ist das nicht der Fall, wirst Du vielleicht neue Maschinen anschaffen müssen. Hier stellt sich aber die Frage, ob sich das wirtschaftlich rechnet. Hier zeigt sich übrigens auch eine der Schwächen von Lean: es hat einen starken Fokus auf das Jetzt, und nicht so sehr auf die Zukunft. Auch wenn eine neue Maschine die Nachfrage schnell befriedigen kann, ist es dennoch eine Investition, die sich nur rechnet, wenn diese Nachfrage auch bestehen bleibt.

Lege fest, wer in den jeweiligen Prozessen befugt ist, Entscheidungen zu treffen, und kommuniziere auch das klar an alle. Diskussionen über Zuständigkeiten und Kompetenzen sind genauso ein Flaschenhals, wie eine schlecht ausgerüstete Maschine.

Verschwendung suchen

Die Suche nach Verschwendung in Deinen Prozessen kann eine Menge Spaß machen, aber auch sehr frustrierend sein. Der Spaßfaktor kommt dadurch zustande, dass Du eine Menge Verbesserungsmöglichkeiten findest. Es kann aber auch frustrierend für Dich und Deine Mitarbeiter sein, wenn man zu viel gefunden hat, das verbessert werden muss. Du solltest deshalb gleich am Anfang klarmachen, dass es nicht darum geht, Fehler jemandem zuzuschreiben, sondern darum, den Prozess zu verbessern.

Es dürfte naheliegend sein, erst einmal zu schauen, wo es im Prozess Verschwendung gibt, die auch noch kumuliert, also im Laufe der Produktion droht anzuwachsen. Das ist oft beim Inventar der Fall, das anwächst, obwohl es nicht gebraucht wird.

Im nächsten Schritt schaust Du Dir die Prozesse selbst genauer an, und zwar jede Komponente einzeln. Schafft diese einen Mehrwert? Und wenn nicht, warum existiert sie?

Ein Beispiel: In der Endmontage werden die fertigen Platinen an einer Arbeitsstation in die Plastikbox eingeschraubt. Diese Boxen kommen in großen Kartons, die zwar leicht, aber sperrig sind und deshalb außerhalb der

Arbeitsstation gelagert werden. Deswegen muss der Arbeiter immer wieder die Station verlassen und einen neuen Karton holen, um seine Plastikboxen nachzufüllen. Das ist ein Schritt, der Zeit kostet und keinen Mehrwert bringt. Du wirst ihn zunächst markieren und später überlegen, wie man ihn verbessern kann. Es ist übrigens gut möglich, dass es keine Verbesserung gibt, weil zum Beispiel ein Umbau der Arbeitsstation andere Arbeitsschritte verschlechtern würde. Auch wenn Lean zum Ziel hat, Verschwendung zu vermeiden, wird es nie ganz ohne gehen.

Etwas einfacher ist die Entscheidung, wenn bestimmte Arbeitsschritte den Prozess verlangsamen, die Qualität verschlechtern oder Ausschuss produzieren. Es kann den Fall geben, bei dem die Taktzeiten so hoch sind, dass es bei einer manuellen Montage zu vielen Fehlern kommt.

Die Suche nach den Ursachen von Verschwendung ist so wichtig wie die Suche nach den Fehlern selbst. Du solltest dabei nicht gleich die erstbeste Lösung akzeptieren. Es gibt eine hilfreiche Technik, die den Dingen auf den Grund geht, die **5-Warum-Methode**. Dabei wird fünf Mal gefragt, warum es ein Problem gibt, um die wirkliche Ursache zu finden. Das kann zum Beispiel so aussehen:

Die Maschine produziert 20 Prozent Ausschuss.

1. Warum produziert sie Ausschuss?
   Weil die Fehler nicht gesehen werden.

2. Warum werden die Fehler nicht gesehen?
   Weil der Sensor sie nicht erfassen kann.

3. Warum kann er sie nicht erfassen?
   Weil er sich wohl verstellt hat.

4. Warum hat er sich verstellt?
   Weil die Maschine nicht oft genug gewartet wird.

5. Warum wird sie nicht oft genug gewartet?
   Weil es im Wartungsprotokoll falsch eingetragen wurde.

Wenn Du die Ursache gefunden hast, kannst Du in diesem Fall nicht nur das Wartungsintervall dieser Maschine verändern, sondern gleichzeitig auch schauen, ob dieses Problem auch bei anderen Maschinen besteht. Das könnte den Ausschuss insgesamt verändern.

Du kannst und solltest Dir die Mühe machen, in allen Prozessschritten nach solchen Hindernissen zu schauen. Neben der Frage, ob hier auch Zusatznutzen geschaffen wird, gibt es aber auch noch andere Kriterien. Zum Beispiel sollte ein Prozessschritt auch so umgesetzt werden, wie man ihn ursprünglich einmal festgelegt hat. Es kann vorkommen, dass man in der Produktion gut gemeinte Verbesserungen durchgeführt hat, das aber nicht im ganzen Unternehmen kommuniziert wurde. Informationen sind in diesem Zusammenhang wichtig, denn sie können Dir auch Aufschluss darüber geben, welche maximale Auslastung die Maschine tatsächlich haben kann, wie viel Material sie verbraucht und wie einfach sie umzurüsten ist. Flexibilität ist in Lean Produktionen wichtig, es kann immer vorkommen, dass Kunden plötzlich ein Produkt nachfragen, das aktuell nicht in der Produktion ist. In diesem Fall – sofern sich der Auftrag auch wirtschaftlich rechnet – müssen Prozesse schnell veränderbar sein. Eine Kennzahl ist die Zeit, die es braucht, eine Maschine umzustellen, oder anders gesagt: Wie lange wird Zeit verschwendet, in der nicht produziert werden kann?

Qualität

Als die japanischen Autobauer nach dem Zweiten Weltkrieg versuchten, mit ihren wenigen Ressourcen die Industrie wiederaufzubauen, war ihnen eines schnell klar: Effizienz geht immer mit Qualität einher. Je besser die Qualität, umso weniger Verschwendung und Ausschuss gibt es. Deshalb wird in Lean auch so viel Wert auf die Qualität gelegt.

Eine Grundlage ist, dass Qualität kein Prozess ist, sondern eine Herausforderung, die am Anfang eines Produkts steht. Lean fordert, dass man ein gutes Produkt gleich von Beginn an haben sollte. "Done Right the first time" bedeutet, dass Ausprobieren Zeitverschwendung ist. Damit steht man im Gegensatz zu heutigen agilen Methoden, in denen man ein Minimum Viable Product auf den Markt bringt und dann ständig verbessert. Dennoch müssen sich Lean und Agile nicht ausschließen: Letztlich ist auch bei Agile die Definition of Done nichts anderes, als eine Definition von Qualität.

Qualität betrifft dabei nicht nur das Endprodukt, sondern den ganzen Prozess. Alle Schritte müssen miteinander so verzahnt sein, dass es keine Reibung gibt. Stelle Dir die Produktion vor wie mehrere Zahnräder, die ineinandergreifen. Da gibt es Kleine, die etwas schneller laufen. Sie stehen für einfache Produktionsschritte. Große Zahnräder sind Schritte, die etwas mehr Zeit brauchen. Insgesamt aber wird in einem gemeinsamen Takt produziert. Wenn jetzt eines dieser Zahnräder nicht mehr rund läuft, weil es nicht richtig auf die Achse passt, dann bremst das die gesamte Produktion. Noch schlimmer sind Zahnräder aus einem billigen Material, die schneller altern und brechen können. Gleiches gilt für die falschen Dimensionen eines Zahnrades.

Du kannst Dir, Deinem Team und dem Prozess einige Fragen stellen, die dabei helfen können, Schwachstellen aufzudecken:

- Wo entstehen Defekte und Ausschuss?

- Wie oft und in welchen Mengen wird Ausschuss produziert?

- Wie wird Qualität zum Kunden kommuniziert?

- Wie geht man intern und gegenüber dem Kunden mit Produktionsfehlern um?

- Wie werden diese Fehler behoben?

- Wie – wenn überhaupt – können fehlerhafte Produkte wiederverwendet werden (oder in die Produktion zurückkehren)? Und welchen Nutzen hat das?

- Welche Kapazitäten haben die einzelnen Schritte, und wie kann das die Qualität beeinflussen (z. B. steigt der Ausschuss mit den Mengen, die produziert werden)?

- Was passiert mit Ausschussware?

Design der Prozesse

Wenn Du Dich daran machst, den jetzigen Value-Stream aufzuzeichnen, musst Du wie ein Designer und Ingenieur denken, nicht so sehr als Geschäftsführer oder CEO. Die drei Disziplinen, mit denen auch der Fluss beschrieben werden kann, sind Design, Produktion und Wartung. Wenn Du Prozesse als Maschinen verstehst, wirst Du eine bessere Einsicht bekommen, wo es zu Materialermüdung kommt, wo es Designprobleme gibt und wo die Wartung zu Zeitverschwendung führen kann.

Eine Maschine muss reibungslos laufen und das wird auch vom Value Stream erwartet. Deshalb sollte Deine erste Überlegung sein, ob der Prozess überhaupt fließen kann. Das wird zum Beispiel schwierig, wenn Zwischenprodukte zu anderen Produktionsstätten gebracht werden müssen. Ein Beispiel ist Airbus. Hier werden die Flugzeuge sowohl in England, Deutschland, Spanien als auch in Frankreich produziert, was zu hohen Transportkosten führt. Die Gründe dafür waren politischer Natur, man wollte, dass alle Anteilseigner auch Arbeitsplätze schaffen konnten. Man war sich aber auch im Klaren darüber, dass damit der Fluss unterbrochen wird.

Bei der Betrachtung des Produktionsdesigns kannst Du auch überlegen, ob bestimmte Schritte zusammengefasst werden können. Wenn Du ein Schaubild hast, in dem die Arbeit von links nach rechts aufgemalt ist, wirst Du recht schnell feststellen, wo man etwas im Design verbessern kann. Gerade die Einführung von U-förmigen Arbeitsstationen hat eine erhebliche Verbesserung des Arbeitsablaufs geschaffen, mit weniger Arbeitern, die schneller produzieren können und dabei sehr flexibel sind, weil eine Umrüstung weniger Zeit braucht.
Dabei wurde auch das Problem des Inventars an Ausgangsstoffen gelöst: es braucht weniger Zeit, neues Material aus dem Lager zu holen oder anzufordern. Zunehmend werden in diesen Prozessen übrigens Roboter eingesetzt. Diese werden von der Software benachrichtigt, wenn einer Arbeitsstation das Material ausgeht, und füllen dann selbstständig nach.

Umrüstungen und Wechsel auf andere Produktion kosten oft viel Zeit. Sie passieren nicht sehr häufig und auch unregelmäßig, weil sie von der Nachfrage bestimmt werden. Dennoch sind sie ein wichtiger Faktor, denn je schneller ein Prozess angepasst werden kann, umso schneller kann auch wieder produziert werden. Eine gute Analogie, wie man solche Umrüstungen angehen kann, sind die Boxenstopps in der Formel 1. Hier werden in wenigen Sekunden Reifen gewechselt, ein Frontflügel ausgetauscht und dem Fahrer das Visier gesäubert (und früher wurde auch noch getankt). Das funktioniert nur, wenn man den Prozess immer wieder geübt hat und jeder genau weiß, wann er oder sie welchen Handgriff zu tun hat. Wenn eine Maschine stillsteht, hält sie einen gesamten Prozess auf. Das kann personelle Ressourcen schaffen, die bei der Umrüstung helfen können. In der Formel 1 werden zum Beispiel alle Reifen gleichzeitig gewechselt. Das bedeutet zwar für kurze Zeit einen großen personellen Aufwand, spart aber eine Menge Zeit ein. Allein die Einführung einer Zeitmessung – in Japan durchaus üblich – für Umrüstungen kann bereits einen sparenden Effekt haben.[13]

---

[13] Bertagnolli, F. (2018): Lean Management: Einführung und Vertiefung in die japanische Management-Philosophie, Springer Gabler, Wiesbaden, S. 189

Wenn Du die Prozesse aus der **Sicht des Designers betrachtest**, wird dieser Blickwinkel manche Dinge aufdecken, die vorher verborgen blieben. Bei der Produktion kannst Du zum Beispiel überlegen, wie man ein narrensicheres Design macht, bei dem es keine Fehler in der Produktion gibt. Das wird nicht immer der Fall sein, aber was zählt, ist die gute Absicht. Und da Fehler nun einmal passieren, solltest Du überlegen, wo sie geschehen, und warum sie passieren, vor allem wenn sie sich wiederholen. Einmalige Fehler sind meistens auf eine Fehlfunktion zurückzuführen, die vielleicht durch schlechte Wartung ausgelöst wurde. Ausschuss und immer wiederkehrende Fehler können aber auf einen Planungs- und Designfehler hinweisen.

Da du ja jetzt noch den aktuellen Prozess untersuchst, solltest Du Dir aber auch Gedanken machen, welche Designfehler in der Zukunft vermieden werden sollen, und welche vielleicht auch in einem neuen Prozess auftauchen könnten.

In manchen Branchen haben Designer einen vorauseilenden Gehorsam und entwickeln Funktionen in Produkten, die vom Kunden so nicht nachgefragt wurden. Ein klassischer Fall ist ein Wecker in einem Ofen, der aber nicht mit der Backzeit verbunden ist. Man hat eine Uhr eingebaut und sich gedacht, dann kann man auch einen Wecker mit reinmachen, auf dem Chip ist der ohnehin vorhanden. Man musste nur einen Knopf hinzufügen. Das ist aber von Kunden nicht verlangt worden, und bringt zusätzliche Arbeitsschritte mit, ohne einen Mehrwert zu schaffen.

Es kann aber auch sein, dass Du bestimmte Spezifikationen findest, die Extra-Schritte mit sich bringen und den Fluss verlangsamen, deren Funktion aber Teil dessen ist, was der Kunde nachgefragt hat. In so einem Fall kannst Du überlegen, ob es eine andere Lösung gibt, diesem Kundenwunsch zu entsprechen.

Bei der Entwicklung und Planung eines neuen Produkts schreibt Lean vor, es gleich richtig zu machen. In der schlanken Produktion ist man kein Freund von Training on the Job, zumindest nicht, wenn man sich bereits in der Produktion befindet. Du solltest also Deine Produkte und Prozesse bis zum Ende entwickeln und dann in einem Testprozess überprüfen. Man kann darüber streiten, ob das heute noch eine moderne Produktionsweise ist. Gerade im Softwarebereich, aber auch in vielen Technologieproduktionen wird heute iterativ entwickelt. Man bringt ein Produkt auf den Markt, von dem man weiß, dass es noch Fehler hat (oder es nicht weiß, und die Kunden finden es heraus), und wird diese in der nächsten Version beheben. Es hängt ein wenig von Deinem eigenen Unternehmen und Deinen Produkten und Dienstleistungen ab. Auf jeden Fall wird es dann mit Iterationen kritisch, wenn es um eine Massenproduktion geht. In Pilotphasen kannst Du sicherlich noch ausprobieren, und Gleiches gilt für Testmärkte.

Ein dritter Blickwinkel ist der des **Wartungsdienstes.** Jede Produktionslinie muss gewartet werden und diese Wartungen können unter Umständen viel Zeit in Anspruch nehmen. Untersuche Deine jetzigen Prozesse und frage nach, welche Wartungsarbeiten wann gemacht werden, und welche Auswirkungen das auf die Produktion hat. Es geht dabei wohlgemerkt nicht darum, die Wartungsintervalle zu verlängern, um Zeit und Kosten zu sparen. Das wäre ein Verstoß gegen die Qualitätsprinzipien. Vielmehr ist es eine Überlegung wert, ob man zum Beispiel bestimmte Maschinen gleichzeitig wartet und die Produktion anhält oder aber – wenn möglich – nur eine Maschine und dann mit halber Kraft produziert.

Zuvor solltest Du aber auch ausrechnen, wie gut Deine Maschinen funktionieren, was die Uptime ist und wie oft es zu Ausfällen kommt. Gibt es eine Wartungsplanung oder werden Maschinen nur repariert, wenn es notwendig ist? Wo kann eine Wartung helfen, Ausfälle zu vermeiden, und wo sollte man noch, bevor eine Wartung ansteht, die Materialermüdung überprüfen?

Ein Problem, das manchmal entsteht, sind Maschinen von verschiedenen Herstellern, die in einer Produktionslinie stehen. Das ist oft historisch bedingt, eine Maschine gibt auf, man kauft eine neue, die die gleichen Funktionen hat, aber von einer anderen Firma gebaut wird. Damit wird sie auch andere Wartungsrichtlinien haben. Es kann übrigens auch sein, dass die alte und die neue Maschine unterschiedlich schnell produzieren und damit den Fluss verlangsamen können.

Der **Wechsel auf eine neue Produktion** gehört ebenfalls in diesen Bereich. Wie oben schon angemerkt, sollten Ausrüstungswechsel so schnell wie möglich vonstattengehen. Das kann aber nur dann ausreichend trainiert werden, wenn die Maschinen alle auf die gleiche Art und Weise designed sind.

Auch komplizierte Maschinen haben bestimmte Wartungsarbeiten, die von den Arbeitern vor Ort durchgeführt werden können. Schaue in die Wartungshandbücher und analysiere, ob und wo bereits jetzt der Arbeiter an der Maschine selbst kleine Wartungen durchführen kann. Heute hilft in vielen Fällen Software dabei, Wartungsarbeiten zu optimieren und zu harmonisieren.

Wenn Du bislang so produziert hast, dass eine Zeit lang Ausschuss weiter produziert wurde, bis der Fehler gefunden wurde, so solltest Du das bei einer Neuplanung ändern. In einer schlanken Produktion werden die Maschinen angehalten, wenn ein Fehler entsteht. Das sollte automatisch geschehen, oder aber Teil des Regelbuchs sein, wenn es von einem Arbeiter manuell gemacht werden muss.

5.5 Die Verbesserung

Wenn Du jetzt alle Daten zusammengetragen hast, eine Value Stream Map des Ist-Zustandes erstellt hast und diesen Zustand auch analysiert hast, kannst Du Dich an die Karte machen, die den zukünftigen Zustand beschreiben soll. Die gute Nachricht: Du musst nicht wieder bei Null anfangen, sondern wirst die eben erstellte Karte benutzen können.

Es ist hilfreich, solche Karten auf großen Wänden mit Klebezetteln zu erstellen, weil Du diese dann etwas leichter verschieben kannst. Es gibt aber auch Software, die Dich dabei unterstützt.

5.6 Das One-Piece-Flow-Prinzip

Um einen Fluss zu erreichen, wird in der Lean Produktion ein One-Piece-Flow-Prinzip eingeführt. Das bedeutet, dass ein Produkt nach dem anderen die Produktionslinie durchläuft und nicht an jeder Station so viel wie möglich produziert wird. Das ist nicht immer einfach: "Eines der fundamentalen Elemente, um eine Lean Umgebung zu schaffen, ist im One-Piece-Flow-System zu arbeiten. Der Gedanke, immer nur ein Produkt erst fertig zu produzieren und dann erst das nächste, kann ein Erdbeben in einer Organisation verursachen, vor allem wenn es hier um Massenfertigung geht. Wenn aber dieses System ordentlich implementiert wurde und die richtige Technologie vorhanden ist, dann können die Vorteile enorm groß sein", beschreibt die Firma Ottomotors, ein Hersteller von selbstfahrenden Logistrobotern, ihre Herangehensweise.[14]

---

[14] Otto Motors (2017): 7 Advantages of One-Piece Flow in the Manufacturing. URL: https://ottomotors.com/blog/advantages-of-one-piece-flow-manufacturing [Stand: 10-08-2019]

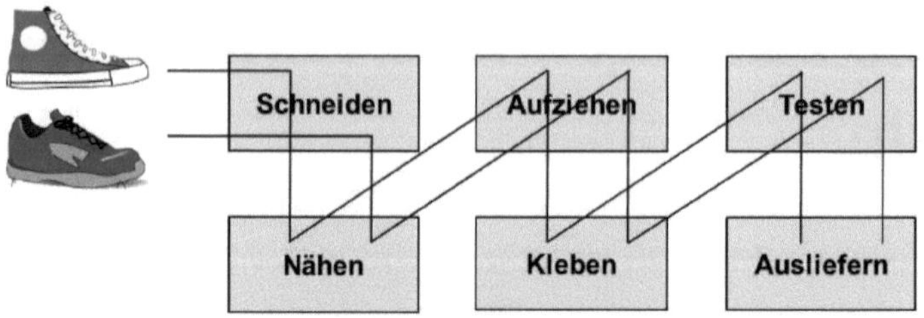

Abbildung 2: Klassische Produktion

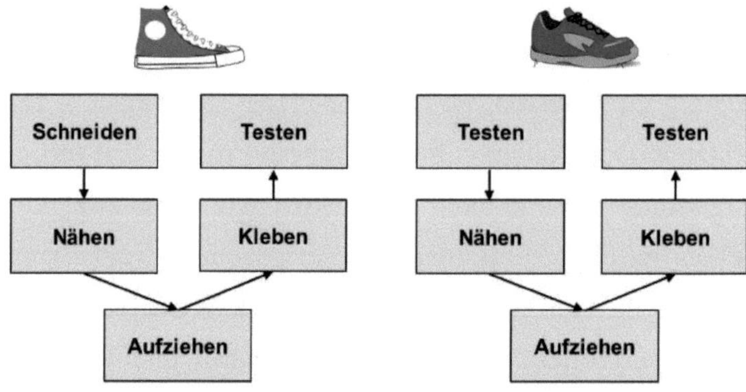

Abbildung 3: Produktion mit Lean und Zellen

Im klassischen funktionellen Layout hat ein Produkt verschiedene Produktionsstufen. In der Schuhindustrie kann das zum Beispiel sein:

- Schneiden des Stoffes für die Schuhe

- Vernähen des Stoffes

- Aufziehen des Stoffes

- Aufkleben der Sohlen

Eine Person wird den Tag über Stoffe zuschneiden, und jedes Mal, wenn ein Korb voll ist, diesen an die nächste Station weitergeben. Dort werden dann die Stoffe zusammengenäht, und erst wenn ein weiterer Korb voll ist, wird dieser weitergereicht.

In der One-Piece-Flow-Produktion wird in Zellen gearbeitet. An einer Arbeitsstation, meistens in einem U-Layout, schneidet ein Arbeiter erst den Stoff zurecht, wird ihn dann vernähen, die Sohle ankleben und schließlich die Schnürsenkel einführen. Am Ende steht ein Schuh, der nur noch verpackt werden muss und fertig für die Auslieferung ist. Die Mitarbeiterzahl kann dabei übrigens gleichbleiben. Sie stehen jetzt nur an verschiedenen Stationen, statt in einer Reihe zu arbeiten.

Auch wenn der One-Piece-Flow ein Herzstück der Lean Produktion ist, braucht es bestimmte Bedingungen:

- Prozesse müssen in der Lage sein, beständig gute Ergebnisse und Produkte zu liefern. Wenn es zu viele Ausschüsse gibt, dann ist dieses System nur schwer zu implementieren.

- Prozesse müssen wiederholbar sein. One-Piece-Flow ist nicht gut geeignet, wenn es zu viele Variationen gibt. Das gilt übrigens für Lean insgesamt.

- Je besser die Maschinen laufen, umso besser kann das System funktionieren. Wenn Arbeitsstationen oft ausfallen, kann das sehr negative Folgen auf die Gesamtproduktion haben.

Die Prozesse müssen gestaltet werden können. Das bedeutet, dass die Mitarbeiter auch in der Lage sein müssen, an einer Station innerhalb der vorgegebenen Zeit ein Produkt fertigzustellen. Das Layout der Arbeitszelle ist dabei entscheidend. Auch wenn die U-Form am besten geeignet ist, um dem Prozess zu folgen, kann auch ein S eine gute Lösung sein, vor allem dann, wenn mehrere Arbeiter an der Fertigung beteiligt sind.

Dinge, auf die Du bei der Gestaltung der Prozesse und beim Layout in der Produktion achten musst:

- Berechne genau, welche Volumina verarbeitet werden müssen, und welche unterschiedlichen Prozessschritte es gibt.

- Verstehe, wie der Prozess insgesamt beschaffen ist: Werden viele verschiedene Produkte (mit eher kleinerer Stückzahl) geschaffen oder sind es wenige, die hohe Stückzahlen erfordern?

- Berechne, wie viele Mitarbeiter mindestens gebraucht werden, und wie Du Stoßzeiten abfedern kannst.

- Plane, wie große Stückzahlen produziert werden können.

- Überlege, wie viele Stationen gebraucht werden, und wie diese ausgerüstet sein müssen (es geht hier eher um die Funktion, weniger um die Größe der Maschine).

- Versuche, den Produktionsfluss zunächst als einzelne Boxen aufzuzeichnen, die Du dann in einem Grundriss der Produktionshallen unterbringen kannst. Denke daran, die Bereiche zu blockieren, die für Verwaltung, Kantine, Toiletten etc. reserviert sind.

Der Fluss in einer schlanken Produktion wird selten geradlinig sein. Vielmehr windet er sich, wie eine Schlange, was in der Regel lange Wege erspart.

Ein Beispiel der Firma Treston aus der Praxis

"Ein Unternehmen aus der Antriebstechnik plante die Neugestaltung eines Fertigungsbereichs für Netzgeräte, um die Materialversorgung zu verbessern und Warte- und Rüstzeiten zu reduzieren. Es sollte außerdem sichergestellt werden, dass bei Auftragsspitzen die Ausbringung deutlich erhöht werden kann, ohne die Fertigungseinrichtung jedes Mal anpassen zu müssen. Nicht zuletzt war gefordert, dass fünf Varianten eines Netzgeräts von Losgröße 1 bis Losgröße 30 im Wechsel auf Anforderung des internen Kunden gefertigt werden."[15]

Die Ausgangssituation

"Die Ausgangssituation in der Fertigung war unübersichtlich, da kein klarer Materialfluss vorhanden war. Ein Netzgerät durchlief insgesamt sieben Einzelarbeitsplätze, an denen zwei Mitarbeiter die Geräte nach und nach montierten. Das benötigte Material war nicht gut strukturiert und musste erst in unbeschrifteten Kästen

---

[15] Treston: One-Piece-Flow bei kleinen Losgrößen 1 bis 30: Fertigung eines Netzgeräts – Auf eine strukturierte Materialorganisation kommt es an, Case Study 1, S. 1 f.

gefunden werden. Fläche, Arbeitstische und Betriebsmittel wurden zu dem Zeitpunkt nicht sinnvoll genutzt."[16]

One-Piece-Flow

"Die Treston-Lösung für diese Anforderungen war ein One-Piece-Flow-System, mit einer Materialversorgung über Fifo-Durchlaufregale mit drei Ebenen in eine I-Fertigungslinie von ca. drei Metern Länge. Ein häufiges Gegenargument bei einer solchen Restrukturierung sind die geringen Losgrößen von 1 bis 30, zudem in verschiedenen Varianten; Tenor im Betrieb: ,Das lohnt sich für uns nicht. Das können wir doch weiterhin am Einzelarbeitsplatz zusammenbauen.' Ein Irrtum, denn es kommt nur auf die geeignete Organisation der Materialzuführung an. Auch für kleine Losgrößen und häufige Variantenwechsel bringt das One-Piece-Flow-System einen Mehrwert für das Unternehmen [...].

Bei normaler Auftragslage ist ein Mitarbeiter an der Fertigungslinie beschäftigt. Das bedeutet, dass er das Netzgerät entlang der Fertigungslinie komplett zusammenbaut und es zur Prüfung abliefert. Den Werkzeugträger schiebt er dann im vorderen Transfer wieder an den Anfang und beginnt mit dem nächsten Netzgerät. Bei größeren Auftragsvolumen steigt ein zweiter Mitarbeiter in

---

[16] a. a. O.

das Arbeitssystem ein, sodass jeder der beiden ca. 50 Prozent des Netzgeräts fertigt. Der Werkstückträger wird durch Mitarbeiter eins nach erfolgter Montage im Puffer zwischen beiden Arbeitsstationen geparkt und vom zweiten Mitarbeiter übernommen. Währenddessen beginnt Mitarbeiter eins das nächste Netzgerät. Wenn Mitarbeiter zwei ein Netzgerät fertiggestellt hat, schiebt er den Werkstückträger nach hinten in die zweite Transferspur und reicht ihn nach links zum ersten Mitarbeiter zurück, der sich den Träger zur weiteren Bearbeitung wieder nach vorne ziehen kann. Nach dieser Fertigungsmethode ist gewährleistet, dass die Ausbringung verdoppelt wird."[17]

Bei Bosch hat man ebenfalls die U-Form für viele Arbeitszellen eingeführt. In einer Broschüre über Lean Management bei Bosch Rexroth beschreibt man die Umsetzung in eine Fluss-orientierte Produktion wie folgt: „Die bevorzugte Form der schlanken Arbeitszelle ist U-förmig. Jeder Unterprozess ist in der Reihenfolge seines Ablaufs mit dem nächsten verbunden. Wenn sich der Arbeiter im Inneren des U befindet, sind nur minimale Bewegungen erforderlich, um das Werkstück oder die Baugruppe von einer Arbeitsstation zur nächsten zu bringen.

---

[17] a. a. O.

Letztendlich besteht eines der Ziele der schlanken Arbeitszelle darin, alle nicht wertschöpfenden Bewegungen zu eliminieren. Daher seine U-Form. Wenn der Arbeiter den Prozess beendet hat, dreht er sich einfach um und ist wieder bei Schritt eins.

Das Werkstück kann von einem Wertschöpfungsvorgang zum nächsten befördert werden. Es gibt jedoch Situationen, in denen das Werkstück oder die Vorrichtung, die das Werkstück hält, zu schwer ist und mechanisch zwischen Arbeitsstationen transportiert werden muss.

Obwohl sehr schwere Teile auf Förderbändern transportiert werden können, sind manuelle Schub- oder Schwerkraftförderer ideal, um Teile zwischen Arbeitsstationen zu bewegen. Ihre minimale Komplexität macht sie servicefreundlich und minimiert Ausfallzeiten.

Darüber hinaus lassen sie sich einfach durchgängig verbinden, sodass sich Arbeitsstationen problemlos innerhalb einer Arbeitszelle bewegen lassen.

Die gekrümmten „Ecken" der U-förmigen Arbeitszelle können ein Problem darstellen. Als potenzieller Totraum können sie als Minispeicher fungieren, wodurch eine Rückkehr zur Stapelverarbeitung gefördert wird. Stattdessen sollte die Verwendung eines Kugelrollentransfers die Teilebewegung durch die Ecken der U-Form erleichtern."[18]

Da die kontinuierliche Einzelanfertigung ein Ziel der schlanken Fertigung ist, ist es wichtig, dass jede Arbeitsstation oder Maschine so konstruiert ist, dass sie in einen möglichst kleinen Arbeitsbereich passt. Die Verkleinerung sorgt für die Beseitigung von überschüssigem Platz am Arbeitsplatz oder der Maschine. Der Sinn dahinter ist, die Lagerung von Teilen oder Baugruppen an der Maschine zu vermeiden. Das Lagern von Teilen erhöht die Verarbeitungszeit und führt zu einer Stapelverarbeitung, die dem eigentlichen Zweck der schlanken Fertigung entgegenläuft. Darüber hinaus eliminieren kleinere Arbeitsstationen und Maschinen unnötige Schritte, die der Arbeiter zwischen den Teilprozessen unternimmt.

Schließlich kann durch die richtige Dimensionierung von Arbeitsstationen und Maschinen viel Platz gespart werden. Du solltest aber dabei nicht vergessen, dass jeder Prozess seine eigenen Anforderungen hat. Nicht jede Maschine passt auf jeden Prozess. Jeder Maschinenstandort oder jede Arbeitsstation sollte so konzipiert

---

[18] Bosch Rexroth Corporation (2009): Lean Manufacturing – Principles, Tools and Methods, S. 4

sein, dass Montageunterprozesse optimiert werden, die in den meisten Fällen von Arbeitsstation zu Arbeitsstation variieren. Diese Anpassung kann mit praktisch jedem Konstruktionsmaterial erreicht werden. Um Kosten zu sparen und die Umweltaspekte bei der Entsorgung unflexibler, geschweißter Stahlkonstruktionen so gering wie möglich zu halten, sollte zum Beispiel Material vorgezogen werden, das rekonfigurierbar und wiederverwendbar ist.

Darüber hinaus müssen in einer Umgebung für kontinuierliche Verbesserungen alle Arbeitsstationen und Arbeitszellen einfach zu ändern sein, wenn Prozessverbesserungen festgestellt werden.

Aber die U-förmige Arbeitszelle ist kein Allheilmittel. Die richtige Lösung hängt immer davon ab, welche Produktionsbedingungen vor Ort herrschen. Die schlanke Zelle ist möglicherweise nicht immer die Antwort auf alle Montageanforderungen. Manchmal passt die U-förmige Konfiguration einfach nicht zu der vorhandenen Anlage oder dem vorhandenen Prozess, und ein Wechsel von Automatisierung oder Halbautomatisierung zur Herstellung schlanker Zellen könnte eher kontraproduktiv sein.
Um der Flexibilität, die für eine schlanke Fertigung erforderlich ist, zu entsprechen, kann es vorkommen, dass

ein Hybridsystem, anstelle eines reinen schlanken Systems, für den Herstellungsprozess am besten geeignet ist. Hybride Fertigungssysteme verbinden die Wirtschaftlichkeit eines schlanken Systems mit der Sicherheit und Effizienz eines automatisierten Systems. Das Ergebnis ist eine Anlage, bei der einige Montagearbeiten manuell ausgeführt werden, während gefährlichere oder ergonomisch schwierigere Aufgaben maschinell ausgeführt werden.

In einem Hybridsystem können Arbeitsstationen oder Zellen mit nicht synchronen Montagefördersystemen kombiniert werden, um die gewünschten Produktionsziele zu erreichen. Die Synergie zwischen diesen beiden Technologien kann zu Ergebnissen führen, die weit über die Möglichkeiten beider Technologien hinausgehen. Du kannst zum Beispiel die Montage in einer schlanken Zelle durchführen, um gleichzeitig automatisierte Vorgänge offline durchzuführen. In diesem Fall liefern die automatisierten Teile des Prozesses Unterbaugruppen oder Teile an die magere Zelle. Obwohl die Technologien getrennt sind, sind beide weiterhin erforderlich, um die vorliegende Aufgabe zu erfüllen.

Taktgeber

Am Anfang des Prozesses in der Produktion steht der Taktgeber (Pacemaker). Auch wenn Du auf dem Papier bereits ausgerechnet hast, wie der Takt sein soll, kann das in der Realität immer wieder variieren. Der Taktgeber ist die einzige Person oder Station, die den täglichen Produktionsplan bekommt. Der Grund dafür ist recht einfach zu verstehen: Wenn die erste Station den Takt vorgibt, müssen alle anderen folgen. Wenn jede Station wüsste, wie viel sie produzieren soll, würden manche schneller, manche langsamer arbeiten und versuchen, das Produktionsvolumen zu erfüllen. Wichtiger ist aber, dass der Prozess insgesamt das Soll erfüllt und nicht nur einzelne Stationen.

Es kann natürlich der Fall sein, dass mehrere Prozesse parallel laufen, diese aber unterschiedliche Taktzeiten haben. Dann wird es hier auch jeweils einen eigenen Taktgeber geben müssen.

Der Takt und die Produktionsmenge werden immer von der Kundennachfrage bestimmt. Sollen dem Kunden heute 3.000 Produkte ausgeliefert werden, dann wird dies mit der Taktzeit berechnet und dann die jeweilige Menge in die Produktion gegeben.

Supermarkets

Als Supermärkte werden kleine Zwischenlager bezeichnet, die vor allem dann gebraucht werden, wenn innerhalb des Prozesses immer wieder neue und verschiedene Teile gebraucht werden. Sie sind eine Art Puffer zwischen der Produktion und dem Inventar. Das ist vor allem dann sinnvoll, wenn es zu lange dauert, um Teile aus dem Warenlager zu holen. An einer Arbeitsstation baut man sich dann einen kleinen Supermarkt mit Ausgangsmaterialien, der ungefähr dem entspricht, was in der Produktion an diesem Tag auch gebraucht wird. So ein Puffer kann auch helfen, wenn der Takt schneller wird, wenn es Verzögerungen an anderen Stellen gibt und diese wieder aufgeholt werden müssen. Wichtig ist hierbei, dass nicht der Arbeiter an der Station diesen Supermarkt auffüllt, sondern die Verantwortlichen aus dem Warenlager. Damit wird vermieden, dass es zu viel Material in diesen Supermärkten gibt.[19]

---

[19] International Labour Organization (2017): Lean Manufacturing Techniques For Textile Industry, S. 42

Das FIFO-Prinzip

Was klingt, wie ein guter Name für einen Hund, steht für First In - First Out. Damit ist ein kleiner Puffer in der Produktion gemeint, der sicherstellen soll, dass es nicht zu großen Staus kommt. In der Praxis bedeutet das eine optische Markierung von Produkten, die warten, bis sie vom nächsten Schritt abgenommen werden. Wenn zum Beispiel in der Produktion einer Bohrmaschine die Station, die die Gehäuse produziert, zu schnell ist, wird die nächste Station einen Stau an Produkten haben. Um das zu vermeiden, wird zwischen beiden Stationen aufgezeichnet, wie viel Produkte jeweils nachgeschoben werden können. Die Zahl ist dabei abhängig von den jeweiligen Kapazitäten. Oftmals werden nur ein paar Rechtecke aufgemalt, in die man die Produkte legt. Es ist wichtig, dass diese Warteschlange optisch sichtbar ist. Denn wenn sie voll ist, muss der Prozess angehalten werden, bis wieder ein Produkt entnommen wurde. Das stellt sicher, dass der Fluss erhalten bleibt, auch wenn es eine kleine Unterbrechung gibt.

Flaschenhälse

Eines der Hauptanliegen von Lean ist eigentlich Flaschenhälse zu vermeiden, weil sie Zeit kosten und damit Verschwendung darstellen. Es kann aber auch sein, dass Du in einem Prozess einen Flaschenhals brauchst, um den Flow absichtlich zu verlangsamen. Das ist immer dann der Fall, wenn an einer Stelle zu schnell produziert wird.

Auch wenn eigentlich die Nachfrage des Kunden die Produktion bestimmen soll, kann es vorkommen, dass in der Produktion bestimmte Prozesse längere Zeit dauern. Wenn Autotüren produziert werden, dann gibt es einen Prozess, in dem sie gestanzt werden, einen in dem sie gefeilt werden und dann lackiert werden. Das Lackieren dauert am längsten und ist damit ein Flaschenhals, der nicht zu vermeiden ist. In diesem Fall wird am Anfang der Produktion nicht freigegeben, was insgesamt produziert werden muss, sondern nur Teile davon. Damit wird ein zu großer Stau vor der Lackiererei vermieden, der auch mit FIFO nicht in den Griff zu bekommen ist. Solche Flaschenhälse wird es immer wieder geben und sie sind eine der wenigen Ausnahmen, wenn die Nachfrage nicht die Produktion bestimmt (oder zumindest nicht direkt), sondern die Produktionskapazität.

6. Werkzeuge

6.1 Kanban in der Produktionsindustrie

Kanban ist eng verbunden mit der Produktion und wird dort auch heute noch am meisten eingesetzt. Man wollte das Problem lösen, dass in einem Produktionsprozess oftmals zu viele Teile im Warenhaus herumliegen und an anderen Stellen keine Teile vorhanden sind. Dies könnte die Produktion ins Stocken oder im Worst-Case-Szenario sogar zum kompletten Stillstand bringen. Die Grundlage von Kanban ist die bedarfsgerechte Produktion, so dass an jeder Produktionsstelle immer nur so viele Teile verfügbar sind, wie nötig. Letzten Endes bedeutet dies, dass immer ausreichend Teile für den Verbau von Komponenten vorhanden sind und darüber hinaus nicht die Gefahr eines Produktionsengpasses aufgrund fehlender Materialien durch einen Sicherheitsbestand gegeben ist.

Ein simples Tool, um den optimalen Materialfluss in der Produktion sicherzustellen, ist die **Kanban-Karte**. Hierzu ein kleines **Beispiel**: Bei der **Produktion von**

kleinen Lautsprecherboxen werden Gehäuse, Elektronikkomponenten, natürlich die Lautsprecher selbst als auch eine Lötstation zum Zusammenbau benötigt. Die zu verbauenden Teile werden hierbei aus jeweils einem Kasten entnommen, in dem eine Kanban-Karte beigefügt ist. Vorschriftsmäßig kann diese Karte am Boden oder aber auch beispielsweise auf dem drittletzten Teil befestigt sein. Die Kanban-Karte enthält die Bezeichnung des Teils, die Menge der Teile in der Box als auch die einzuhaltende Mindestmenge, so dass der Fluss immer aufrechterhalten werden kann. Sollten die Güter ein Mindesthaltbarkeitsdatum aufweisen, so kann man dies ebenso vermerken. Bei einer Durchsicht des Arbeitsplatzes und der entsprechenden kann nun nach dem Sichtprinzip die Info an den Hersteller oder das Warenlager erfolgen, so dass die Behälter wieder aufgefüllt werden können.

Letztlich ist der Erfolg dieser Methode in der Produktion darauf zurückzuführen, dass stets eine kontinuierliche, bedarfsgerechte Belieferung von Produktionsmitteln erfolgt und zugleich damit auch Verschwendung in Form von Überproduktion vermieden wird. Diese Produktionsform ist auch als Just-in-Time (JIT) bekannt, da nur dann Lieferungen ausgelöst werden, wenn die Teile auch wirklich gebraucht werden.

Das Prinzip der Kanban-Karten mag zwar etwas analog klingen, doch sind sie einfaches und probates Werkzeug, um das Lager und die Belieferung stets up to date zu halten. Heutzutage besitzen viele Karten noch Barcodes, die zumeist eine Produktbeschreibung enthalten, welche in einem Container abgepackt ist

Kanban-Karten ermöglichen es auch, ganze Produkte oder eine Bestellung nachzuverfolgen. Bleiben wir doch einfach mal bei dem Beispiel mit den Lautsprechern und nehmen an, dass Deine Firma mit einer Bestellung von 3.500 Lautsprechern beauftragt wurde. Jetzt kann diese auf eine Kanban-Karte aufgetragen werden, welche an einem Container befestigt wird, der genau eine Kapazität von 3.500 Gütern hat und am Ende einer Produktionsstraße steht. Sobald die 3.500 Lautsprecher produziert wurden, gehen sie mit der Kanban-Karte zur Verpackung und von dort aus geht es weiter zum Speditionsunternehmen. Da der Zugang zu den Karten spätestens dann, wenn sich der Container im Laster befindet keine Relevanz mehr hat, wird hier auf Barcodes zurückgegriffen. Im Auslieferungsfall des Containers wird die Kanban-Karte gescannt und der Bestellvorgang ist damit abgeschlossen. Oftmals geht noch eine Meldung an die Buchhaltung raus, welche dann eine Rechnung ausstellen kann.

Die **Georg Fischer AG**, welche ein Zulieferer in der Automobilindustrie ist, dient als ein gutes **Beispiel**. Die Firma ist dafür bekannt, dass sie für Autohersteller hochbeanspruchbare Gussteile auf der ganzen Welt fertigt. Die Produktionsstätten sind folgerichtig lokal in Deutschland, Österreich und in China angesiedelt. Um wirtschaftlich operieren zu können, bedingt dies eine möglichst hohe Auslastung der Gießerei. Von Bestellungen ist nicht täglich auszugehen, so dass neben den Aspekt der Auslastung auch der Faktor Überproduktion eine eminent wichtige Rolle spielt. Das Management ist lange den klassischen Planungsweg gefolgt und hat ein erreichbares Ziel vorgegeben, dem dann die Produktion bestmöglich zu folgen versuchte. Allerdings mündete dies des Öfteren in Produktionsengpässen als auch Überproduktionen.

Als Optimierungsmaßnahme setzte das Unternehmen fortan Kanban-Tafeln in der Gießerei ein, welche den aktuellen Produktionsstatus tracken sollten. Die Tafeln werden hierbei mit Kanban-Karten bestückt, welche den Teilestatus im Prozess visualisieren. In der konkreten Gestaltung sieht dies so aus:
"Die Halbfertigprodukte der Gießerei werden in definierten Behältern gelagert. Sobald ein Behälter gefüllt ist, wird er mit einer entsprechend beschrifteten Kanban-Karte versehen und wandert in die weiterverarbeitende

Abteilung. Damit fehlt die Karte an der Steuerungstafel. Sobald die nachgeschaltete Produktionsinsel alle Halbfertigprodukte weiterverarbeitet hat und der Behälter leer ist, kehrt die Karte zurück in eines der Fächer an der Tafel. Wenn also keine Karte mehr an der Steuerungstafel ist, sind alle Behälter im Umlauf."[20]

Die Kanban-Tafeln erfüllen zum einen den Zweck, dass sie eine visuelle Darstellung und eine Hilfestellung bei der Planung darstellen und zum anderen sind sie zugleich ein Indikator für die Dringlichkeit eines Bauteils, da aus ihnen der Bearbeitungsstatus zu jeder Zeit ersichtlich ist. Ein zusätzlicher Vorteil ergibt sich durch die Tafeln: Die Mitarbeiter aus diversen Abteilungen werden zusammengebracht, um gemeinsam den Produktionsstatus abzugleichen und weitere Optimierungsvorschläge einzubringen oder im Problemfall konstruktive Lösungsvorschläge zu erarbeiten.

---

[20] Weigand: Die Kanban Methode in der Praxis. URL: https://www.weigang.de/de/themenwelt/methoden/kanban/kanban-anwendungsbeispiel [Stand: 20-08-2019)

6.2 Kaizen – Besser geht immer!

Das Wort stammt aus dem Japanischen und trägt die ursprüngliche Bedeutung "Veränderung zum Besseren". In Japan etabliert Kaizen sich als Managementkonzept und findet vielfach in der Produktion Anwendung. Es gilt der Grundsatz, dass nicht immer alle Ressourcen gebündelt werden müssen, um revolutionäre Innovationen auf den Markt zu bringen, sondern vielmehr eine kontinuierliche Prozessverbesserung vorrangig ist. Die Prämisse ist hierbei, dem Kunden ein Produkt zu präsentieren, welches ihm dem höchsten Nutzen bringt. Die Optimierung findet auf ganzheitlicher Unternehmensebene statt. Relevante Punkt von Kaizen umfassen:

- ein offenes internes Vorschlagswesen,

- die Mitarbeiterführung,

- die Orientierung an Prozessen,

- das Qualitätsmanagement.

Das Paradigma von Kaizen zu durchdringen ist nicht leicht, da es sich grundlegend anders als bei klassischen Unternehmen gestaltet, welche fast ausschließlich profitorientiert agieren und stets versuchen, die Kosten niedrig zu halten bzw. zu senken. Bei stehen andere Aspekte im Fokus, bei der sich eine Organisation an Folgendes ausrichtet:

Prozesse

Es geht nicht primär um das Resultat, sondern dem Prozess, welcher dahinführt.

Kunden

Der Mehrwert des Produktes für den Kunden muss deutlich hervorgehen. Nur ein zufriedener Kunde ist auch ein guter Kunde.

Qualität

Dienstleistungen und Produkte müssen den höchsten qualitativen Standard erreichen. Hierzu müssen permanent qualitative Kontrollen durchgeführt werden.

Kritik

Nur durch eine offene Unternehmenskultur, in der konstruktive Kritik gefördert wird, entsteht weitestgehend reibungslose Kommunikation und Kollaboration, so dass der Weg für Innovationen und Verbesserungen durch ein offenes Vorschlagswesen geebnet wird.

Standards

Neue Prozessstandards werden implementiert, indem Fehler aus der Vergangenheit als Lessons Learned, in dem neuen Standard reflektiert und eingebracht werden, so dass (die gleichen) Fehler zukünftig vermieden werden.

Die kontinuierliche Verbesserung des Produktes bei Kaizen setzt voraus, das Flaschenhälse erkannt und eliminiert werden. Die Engpasstheorie als Bestandteil der Kaizen-Philosophie bietet folgende Lösungsmöglichkeiten an:

- Mache zunächst den Engpass aus.

- Laste den Bereich anschließend komplett aus.

- Trag dafür Sorge, dass sich dahinter- und vorgeschaltete Prozesse am Engpass ausrichten.

- Beseitige den Engpass.

Im Lager kann es beispielsweise zu einem Engpass kommen, falls die unordentliche Lagerhaltung einen zeitlichen Verzug verursacht. Bildlich kannst Du Dir dies wie bei einem Verkehrsstau vorstellen, der bedingt durch eine Baustelle ausgelöst wurde. Zunächst wird Dir ersichtlich, dass es viele Autos aufgrund der Baustelle ins Stocken geraten. Daraufhin versuchst Du die Anordnung der Baustelle so zu verändern, dass möglichst viel Autos diese ohne große Einschränkungen passieren können. Parallel bist Du darin bestrebt, über Warnzeichen den Verkehr frühzeitig auf die Baustelle hinzuweisen, so dass diese rechtzeitig ihr Tempo reduzieren und letztlich weniger Fahrzeuge zur gleichen Zeit die Baustelle passieren. Schlussendlich bemühst Du Dich, die Baustelle schnellstmöglich fertigzustellen, so dass der Verkehr wieder in gewohnten Betrieb übergehen kann.

6.3 Muri – Mura – Muda

Ein weiterer Baustein von Lean folgt dem Prinzip von Muri, Mura und Muda, welches wie die meisten japanischen Produktionsphilosophien den Fokus auf die Minimierung von Verschwendung setzt. Die Bedeutung der drei Worte ist **Waste (Verschwendung), Imbalance (Ungleichgewicht) und Strain (Belastung).** Das Ziel liegt in der Vermeidung der drei Ms.

Im Zusammenhang der drei Ms greift man oft auf das Beispiel von beladenen Lastwagen zurück. Angenommen, es wären 15 Tonnen mit einem LKW zu transportieren, dessen Kapazität abernur fünf Tonnen beträgt. Falls Du nun zweimal fährst und den LKW bewusst überlädt, wäre dies Muri (Belastung). Fährst Du hingegen fünfmal, wäre es Muda (Verschwendung). Falls Du einen Laster ordnungsgemäß mit fünf Tonnen und den anderen mit 10 Tonnen belädst, wäre dies aufgrund des Ungleichgewichts Mura. Mura, Muri und Muda wären dann eliminiert, wenn Du Wenn Du dreimal mit genau 5 Tonnen fährst.

Folgende Formel findet beim Muri–Mura–Muda–Modell Anwendung:

Geschäftsbetrieb = Arbeit und Muda (Verschwendung)

Arbeit als erhöhe Wertschöpfung in der Produktion
Muda als erhöhter Kostenblock in der Produktion

Problematisch ist bei der Verschwendung oftmals, dass sie entweder gar nicht erkannt oder viel zu spät erkannt wird. Vielfach ist Überproduktion bei Muda vorzufinden. Allerdings manifestiert sich Muda auch in anderen Segmenten eines Unternehmens, so z. B. in Form von:

- zu großen Warenbeständen im Lager

- zu viel zurückgelegten Transportkilometern

- zu langen Wartezeiten

- zu weiten Strecken für Arbeiter (oder Maschinen)

Muri ist oft das Ergebnis:

- von zu hoher Arbeitsbelastung (zum Beispiel durch Überstunden).

- zu große Maschinenauslastung

- zu großen Investitionen

- zu geringen Cash Flow

Mura entsteht dann,

- wenn bei annähernd gleicher Qualifikation ein großes Gehaltsgefüge existiert

- wenn ein Ungleichgewicht der Diversität besteht

- wenn bestimmte Abteilungen privilegiert sind (beispielsweise, weil sie als innovativ gelten)

- wenn Projekte mit zu hoher Auftragsvolumen neben sehr vielen kleinen Projekten entgegengenommen werden

7. Agile Produktion in der Industrie – die Zukunft?

In der Softwareindustrie wird heute fast ausschließlich mit agilen Methoden gearbeitet. In diesen wird die Arbeit in kleine Schritte aufgeteilt, die erst dann als fertig gelten, wenn sie einem bestimmten Qualitätsanspruch genügen (Definition of Done). Agile hat sich eigentlich aus der Lean Produktion heraus entwickelt, aber nun gibt es Überlegungen, es auch in die industrielle Fertigung einzuführen.

Die agile Fertigung ist ein interessanter Ansatz, um heute in schnelllebigen Märkten einen Wettbewerbsvorteil zu erzielen. Es legt großen Wert auf eine schnelle Reaktion auf den Kunden und seine Wünsche – Geschwindigkeit und Agilität bieten einen entscheidenden Vorsprung. Ein agiles Unternehmen ist viel besser in der Lage, kurze Zeitfenster und schnelle Änderungen der Kundennachfrage zu nutzen. Auch im B2B-Bereich weiß es der Kunde zu schätzen, wenn du ihm so schnell wie möglich, aber auch zuverlässig, Deine Produkte liefern kannst. Gleichzeitig kannst Du mit der agilen Fertigung in der Lage sein, Produktveränderungen schnell und effizient durchzuführen. Das agile Konzept beruht darauf, sich immer wieder veränderten Bedingungen anzupassen. Gerade in Märkten, in denen Arbeitskräfte gut ausgebildet, aber auch entsprechend teuer sind, spielt Effizienz eine große Rolle. Hier können Firmen sogar ihre billigen Konkurrenten aus Fernost übertrumpfen, wenn sie eine hocheffektive Produktion haben. Wenn Du zum Beispiel in einer asiatischen Fabrik die Produktion umstellen willst, weil es ein neues Produkt gibt, kann das Tage und manchmal sogar Wochen dauern. Gerade in der Textilproduktion, aber auch bei Produkten in der Sportausstattung, wird in Billiglohnländern noch immer in Reihenfertigung gearbeitet, mit teilweise großen Ausschussmengen.

Agile Fertigung ist dort kaum möglich, weil es einer hochqualifizierten Arbeitnehmerschaft bedarf, die in der Lage ist, nicht nur kleine Arbeitsschritte durchzuführen, sondern auch eine komplette Arbeitsstation zu managen. Hier ergeben sich große Standortvorteile für Firmen in den Industrienationen.

In der EU hat es bereits 2010 ein Projekt gegeben, dass als 5-Tage-Auto bezeichnet wurde. Es galt die Voraussetzungen zu schaffen, ein Auto entsprechend den Kundenwünschen innerhalb von 5 Tagen zu produzieren. Innerhalb dieses Projektes gab es kleinere Projekte, die sich mit Details in der Autoproduktion beschäftigten und neue Produktionsmethoden untersuchten. Eines war das **AC/DC-Projekt**, bei dem es um das Chassis für solche Fahrzeuge ging.

In der Zusammenfassung des Projektberichts heißt es: "Die Automobilindustrie erhöht kontinuierlich die Anforderungen an die Flexibilität der Produktionssysteme, sowohl bei den Automobilherstellern als auch bei den Zulieferern. Abgesehen von der Flexibilität des Produktionsvolumens nimmt die Produktvielfalt von Jahr zu Jahr zu. Das ursprüngliche Ziel von AC/DC bestand darin, ein Produktionssystem zu schaffen, das eine Kapazitätsschwankung von ± 25 % pro Tag ohne Erhöhung der Kosten bewältigen kann. Eine Reihe von Tools wurde implementiert, um dieses Ziel zu erreichen. Lean Production Management wurde als eine wichtige Voraussetzung angesehen.

Die Lean-Philosophie zielt darauf ab, die Vorlaufzeit von der Bestellung bis zur Lieferung durch Produktstandardisierung und späte Anpassung von Komponenten zu verkürzen, die im AC/DC-Projekt als intelligente, modulare Produkte entwickelt wurden.

Value Stream Mapping, Berechnung der Total Cost of Ownership (TCO), ABC/XYZ-Analyse der Produktpalette zur Optimierung des Lagerbestands sind Attribute für flexible Produktionssysteme. Der Vorteilsausgleich wurde als wichtiger Motivator für alle Akteure der Lieferkette angesehen, um zu den gemeinsamen Vorteilen beizutragen.

Ziele, die mit **AC/DC-Prinzipien** im Versorgungsnetz erreicht wurden:

- Reduzierung der Vorlaufzeit um bis zu 85 %

- Bestandsreduzierung um bis zu 50 %

- Reduzierung des Bedienpersonals um bis zu 8 %

- Stellflächenreduzierung um bis zu 6 %

- Fehlerreduzierung bis zu 50 %

- Flexibilität pro Tag ± 25 %

- Alle Ergebnisse konnten erzielt werden, ohne die TCO zu erhöhen."[21]

---

[21] Ericsson, R. et al. (2010): From Build-to-Order to Customize-to-Order – Advancing the Automotive Industry by Collaboration and Modularity, Consortium of the AC/DC project, S.95

Zwar wurde das 5-Tage-Auto niemals in dieser Form umgesetzt, aber die damit verbundenen Forschungen gaben vor allem den europäischen Autobauern wichtige Impulse. Vor Kurzem hat VW die Produktion seine E-Modelle in Zwickau umgestellt, und dies im Wesentlichen mit neuen, effizienten Produktionsmethoden.[22]

Das wahrscheinlich beste Beispiel, wie in der Autoindustrie auf Kundenwünsche eingegangen ist, dürfte die Firma Tesla sein. Hier werden nur Autos produziert, die auch bestellt wurden. Das Made-to-order-Prinzip ist eine der Hauptsäulen des Unternehmens, hat die Firma aber auch vor große Probleme gestellt. Denn eine Fabrik muss auch in der Lage sein, einen Ansturm an Bestellungen zu bewältigen, und der in der Autoproduktion unerfahrenen Elon Musk hatte sich hier gründlich verrechnet. Doch weil eben auch in der Fehlersuche Lean und Agile eingesetzt werden, haben sich die Auslieferungszeiträume erheblich verbessert. Gleichzeitig wurden damit übrigens auch die Autohändler eliminiert, die letztlich nicht bestellte Fahrzeuge auf Lager halten mussten und damit ein großes Verschwendungspotenzial darstellten.

---

[22] Volkswagen AG (2018): Volkswagen macht Fahrzeugwerk Zwickau zur leistungsfähigen E-Auto-Fabrik-Europas. URL: https://www.volkswagen-newsroom.com/de/pressemitteilungen/volkswagen-macht-fahrzeugwerk-zwickau-zur-leistungsfaehigsten-e-auto-fabrik-europas-4382 [Stand: 13-08-2019]

8. Zusammenfassung

Lean ist eine schlanke Produktionsmethode, die aber komplex in ihrer Auswirkung auf Dein Unternehmen ist. Während die Prozesse so einfach und effizient sein müssen, breitet sich Lean auf alle Ebenen des Unternehmens aus. Muri und Mura, Kaizen und Kanban sind nicht nur Werkzeuge oder Anleitungen, sondern eine Philosophie. Du wirst bei Dir selbst anfangen müssen und Dich fragen, ob Du in der Lage bist, Verantwortung und vor allem Kontrolle abzugeben.

Lean hat auch Nachteile. Es wird dem System immer wieder vorgeworfen, sich zu sehr auf Kosten und Verschwendung zu konzentrieren. Mit den sehr detaillierten Anweisungen würden die Mitarbeiter daran gehindert, kreativ zu sein. Da ist auch etwas dran: Lean ist nicht gerade die beste Umgebung, um etwas Neues auszuprobieren. Und dazu gehört auch, Fehler zu machen. Aus Fehlern kann man lernen, und auch wenn Lean das ebenfalls erreichen wird, ist die Prämisse doch, Fehler vor allem zu vermeiden. Dadurch kann ein Druck auf Mitarbeiter entstehen, der am Ende kontraproduktiv ist. Wer nur daran denkt, keine Fehler zu machen, wird das Gesamtbild aus den Augen verlieren. Das mag beim Arbeiter in der Produktion noch zu verschmerzen sein, je höher ins Management Lean geht, um wichtiger ist aber auch, eben nicht nur die Verschwendung im Auge zu haben. Und die ständige Anwesenheit von Führungskräften in der Produktion kann ebenfalls einen Druck ausüben.

Am praktischsten ist es deshalb, Lean in der Produktion einzuführen, aber nicht in Bereichen, in denen kreativ gearbeitet wird. Deine Forschungsabteilung muss geradezu Zeit verschwenden, und auch im Marketing muss mehr gedacht als gerechnet werden. Der große Management-Vordenker Peter Drucker hat einst gesagt: "Was gemessen werden kann, kann gemanagt werden."[23] Es ist zu einem Mantra von Kostenrechnern, aber auch Lean-Anhängern geworden.

Letztlich sind die beiden wichtigsten Säulen bei Lean die Mitarbeiter und die Effizienz. Du wirst nur mit guten Mitarbeitern Lean umsetzen können. Deswegen wirst Du Dir, noch bevor es in die Wertschöpfungsanalyse geht, Dein Team vornehmen müssen. Jeder muss an Bord sein, gleich ob es eine kleinere Firma ist oder ein großes Unternehmen mit mehreren Standorten. Allen

---

[23] Prusak, L. (2010): What Can't Be Measured. URL: https://hbr.org/2010/10/what-cant-be-measured [Stand: 20-07-2019]

muss klar sein, dass die Kontrolle, die mit Lean einhergeht, die Produktion verbessern soll und nicht die Mitarbeiter überwacht. Die Management-Cycle-Studie bestätigt dies: "Offenbar ist die Überzeugung der Belegschaft eine der größten Umsetzungshürden für die Etablierung von Lean Management. 70 % der Befragten gelang es nur langsam, ihre Mitarbeiter von der Umstellung zu überzeugen, 12,5 % der Probanden sogar sehr langsam. Nur 12,5 % hielten den Überzeugungsprozess für schnell, 5 % für sehr schnell."[24] Die Beurteilung mangelhafter Kenntnisse und des eingeschränkten Verständnisses von Lean ist sehr differenziert. In der Summe sehen hier 60 % der Befragten ein großes bzw. sehr großes Hindernis. Das Rollenverständnis der Führungskräfte wird auch von fast 60 % der Befragten als ausbaufähig bewertet. Nur 17,5 % der Umfrageteilnehmer schätzen dieses als Hürde im Zusammenhang mit der Lean-Einführung.

Die Effizienz wird mit Zahlen gemessen und Lean produziert eine Menge davon. Ein Risiko besteht darin, zu viele Daten zu generieren, ein anderes zu spezielle Daten zu generieren. Versuche nicht, jeden einzelnen Schritt zu kontrollieren, sondern konzentriere Dich auf den Fluss

---

[24] Management Circle (2016): Management Circle Lean Report – Anwenderumfrage, S. 8

und das Gesamtbild. Und wenn der Fluss mal zum Stocken kommt, dann ist das eine hervorragende Möglichkeit, nach Fehlern zu suchen und diese zu beheben. Das ist Teil des Konzepts, und kein Grund für Selbstkritik – oder Kritik an Mitarbeitern.

Wenn Du Dich selbst und Deine Führungskräfte also überzeugt hast, dass Lean ein passender Ansatz ist, dann verbringe genügend Zeit mit der Aus- und Weiterbildung Deiner Mitarbeiter. Lean kann nicht on-the-job eingeführt werden, sondern bedarf einer Planung, die mindestens einige Monate in Anspruch nehmen wird.

Maximilian Tündermann

Rechtliches und Impressum

Einfluss. Deshalb distanziert der Autor sich hiermit ausdrücklich von allen Inhalten aller verlinkten Seiten, die nach der Linksetzung verändert wurden. Für illegale, fehlerhafte oder unvollständige Inhalte und insbesondere für Schäden, die aus der Nutzung oder Nichtnutzung solcherart dargebotener Informationen entstehen, haftet allein der Anbieter der Seite, auf welche verwiesen wurde, nicht aber der Autor dieses Buches.

1. Auflage

Copyright 2024 – Maximilian Tündermann

ISBN: 978-3-98935-512-5

Lucid Page Media (ein Imprint der Orbita Media GmbH)
Ericusspitze 4
20457 Hamburg
Deutschland
kontakt@lucidpagemedia.de

Coverfoto: lieezhun/shutterstock.com
Formatierung: Maximilian Tündermann

Quellenverzeichnis

Bertagnolli, F. (2018): Lean Management: Einführung und Vertiefung in die japanische Management-Philosophie, Springer Gabler, Wiesbaden

Blum, C. (2016): Jetzt mitreden – Der Management Circle Lean Report ist da! URL: https://www.management-circle.de/blog/jetzt-mitreden-der-management-circle-lean-report-ist-da/ [Stand: 25-07-2019]

Bosch Rexroth Corporation (2009): Lean Manufacturing – Principles, Tools and Methods

Ericsson, R. et al. (2010): From Build-to-Order to Customize-to-Order – Advancing the Automotive Industry by Collaboration and Modularity, Consortium of the AC/DC project

item Redaktion (2018): One-Piece-Flow – Beispiel aus der Praxis. URL: https://www.produktion.de/technik/one-piece-flow-beispiel-aus-der-praxis-106.html [Stand: 17-07-2019]

Joonas, R. (2012): Measuring and Defining Lead Time in a Telecommunication Production, University of Oulu

International Labour Organization (2017): Lean Manufacturing Techniques For Textile Industry For Ready Made Garments Industry

International Labour Organization (2017): Lean Manufacturing Techniques For Textile Industry

Kanbanize: What is Takt Time and How to Define It. URL: https://kanbanize.com/continuous-flow/takt-time/ [Stand: 03-08-2019]

Lean Production Expert: 7 Verschwendungsarten. URL: http://www.lean-production-expert.de/lean-production/7-verschwendungsarten.html [Stand: 22-07-2019]

Management Circle (2016): Management Circle Lean Report – Anwenderumfrage

Minitab (2019): What is opportunities per Unit? URL: https://support.minitab.com/en-us/minitab/18/help-and-how-to/quality-and-process-improvement/capability-analysis/supporting-topics/capability-metrics/what-is-opportunities-per-unit/ [Stand: 31-07-2019]

Nightingale, D. (2005): Fundamentals of Lean – Integrating the Lean Enterprise, Massachusetts Institute of Technology, MIT Kurs-Nummer: ESD.61J / 16.852J

Otto Motors (2017): 7 Advantages of One-Piece Flow in the Manufacturing. URL: https://ottomotors.com/blog/advantages-of-one-piece-flow-manufacturing [Stand: 10-08-2019]

Prusak, L. (2010): What Can't Be Measured. URL: https://hbr.org/2010/10/what-cant-be-measured [Stand: 20-07-2019]

Schröder, A.: Mit Lean-Management zu mehr Effizienz in der Wertschöpfungskette. URL: https://www.zeitblueten.com/news/lean-management/ [Stand: 07-07-2019]

Shaikat, N. M. (2019): Standard Minute Value – SMV in Garments, Calculation, Importance .URL: http://ordnur.com/apparel/standard-minute-value-smv-garments-calculation-importance/ [Stand: 05-08-2019]

Treston: One-Piece-Flow bei kleinen Losgrößen 1 bis 30: Fertigung eines Netzgeräts – Auf eine strukturierte Materialorganisation kommt es an, Case Study 1, S. 1 f.

VDI Verlag GmbH (1999): Bei Porsche regiert schlanke Produktion. URL:https://www.ingenieur.de/technik/fachbereiche/produktion/bei-porsche-regiert-schlanke-produktion/ [Stand: 28-07.2019]

Weigand: Die Kanban Methode in der Praxis. URL:
https://www.weigang.de/de/themenwelt/methoden/kanban/kan-
ban-anwendungsbeispiel [Stand: 20-08-2019)

Volkswagen AG (2018): Volkswagen macht Fahrzeugwerk Zwickau
zur leistungsfähigen E-Auto-Fabrik-Europas. URL:
https://www.volkswagen-newsroom.com/de/pressemittei-
lungen/volkswagen-macht-fahrzeugwerk-zwickau-zur-leis-
tungsfaehigsten-e-auto-fabrik-europas-4382 [Stand: 13-08-2019]